梵華樓藏寶・供器

目錄

梵華樓供器珍藏 ……………… 5

一 琺瑯佛塔 ……………… 17

　一室般若品琺瑯佛塔 ……………… 18

　二室無上陽體根本品琺瑯佛塔 ……………… 22

　三室無上陰體根本品琺瑯佛塔 ……………… 26

　四室瑜伽根本品琺瑯佛塔 ……………… 30

　五室德行根本品琺瑯佛塔 ……………… 34

　六室功行根本品琺瑯佛塔 ……………… 40

二 六品佛供器箱 ……………… 45

　一室般若品供器 ……………… 46

　二室無上陽體根本品供器 ……………… 64

　三室無上陰體根本品供器 ……………… 68

　四室瑜伽根本品供器 ……………… 72

　五室德行根本品供器 ……………… 75

　六室功行根本品供器 ……………… 78

三 佛衣 ……………… 81

　白緞瓔珞佛衣 ……………… 82

　藍緞瓔珞佛衣 ……………… 86

　黃緞瓔珞佛衣 ……………… 90

　紅緞瓔珞佛衣 ……………… 94

　綠緞瓔珞佛衣 ……………… 100

　黃片金織緞綿斗篷 ……………… 104

四 桌案陳設供器 ……………… 107

　明間供器 ……………… 108

　一至六室樓下供器 ……………… 132

　一至六室樓上佛格與櫃門 ……………… 232

五 圖版索引 ……………… 299

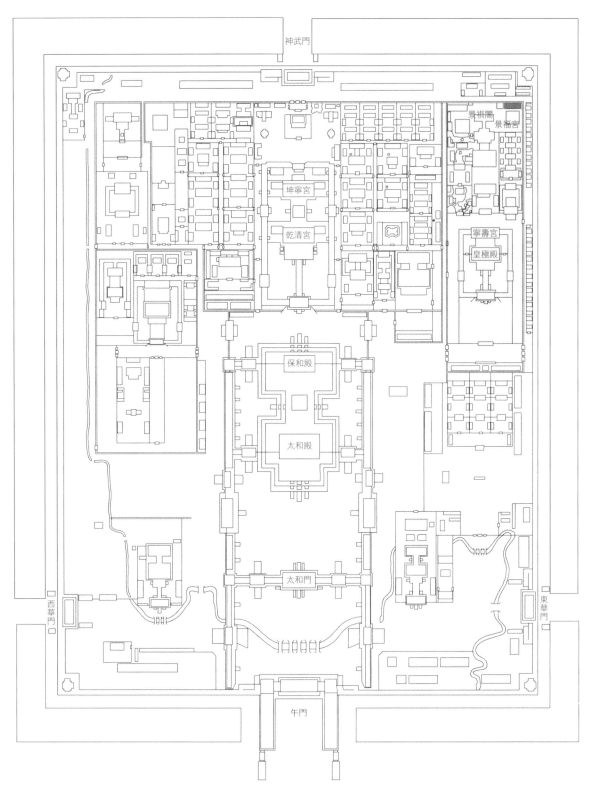

神武門

景祺閣
景福宮

坤寧宮

乾清宮

寧壽宮
皇極殿

保和殿

太和殿

太和門

午門

西華門

東華門

圖1 故宮博物院平面圖

寧壽宮景區　■梵華樓

梵華樓供器珍藏

王家鵬

　　梵華樓為紫禁城內一處重要的藏傳佛教神殿，位於紫禁城甯壽宮內東北隅，是甯壽宮區建築群內的一座佛堂建築。是紫禁城內一處重要的藏傳佛教神殿。至今仍基本保持著清代乾隆時期的原貌，建築完好，文物陳設齊整。乾隆三十七年（1772）始建，乾隆四十一年（1776）建成，清代稱之為「妙吉祥大寶樓」、「六品佛樓」，是清宮廷佛堂中一種重要模式。與此樓相同的佛堂，京內外共有八座：長春園含經堂梵香樓、承德避暑山莊珠源寺眾香樓、承德普陀宗乘寺大紅台西群樓，須彌福壽寺妙高莊嚴西群樓。紫禁城中有四座：梵華樓、寶相樓、慧曜樓、淡遠樓。現在只有梵華樓保存最完好，現存文物一千零五十八件，包括了佛像、唐卡、法器、佛塔諸多文物，以六品佛樓的形式把顯宗、密宗四部祭祀的壇場完整的表現出來。這種獨特的建築形式，目前看是國內僅存的，是清代內地藏傳佛教的重要文化遺存。從建築到文物構成一個凝固的歷史空間，使得二百多年前的歷史形態得以完整保留，是研究清代宮廷藏傳佛教文化形態的標本。對於清代漢藏佛教文化藝術交流研究、清代的民族與宗教關係研究亦有重要意義。

　　藏傳佛教神殿中陳設的各種供器與法器，是其佛事活動中不可或缺的器具。這些器物對藏傳佛教的傳播與傳承具有重要作用，也是寺院繪畫、雕塑中不可少的內容。清代宮廷藏傳佛堂內收藏著大量的供器與法器，種類齊全，幾乎囊括了藏傳佛教中供設使用的各種法物。如乾隆時期曾主持北京藏傳佛教、任掌印喇嘛、御前常侍禪師的土觀活佛在《章嘉國師若必多吉傳》中所言：

　　天神大皇帝為了增盛佛教和眾生的幸福，歷年不斷地修建了不可思議的眾多佛殿和身語意三所依（經、像、塔）。……學習顯密經論，有的學習密

集、勝樂、大威德、時輪、無量壽、普明大日如來、藥師、上座部等各種儀軌，有的念誦經部論典，有的作護法神的酬報法事。總而言之，凡是西藏有的，這裡無所不有，這些無一不是章嘉國師操心的結果。[1]

這些器物的年代基本為乾隆時期作品，器物來源於兩方面：一是貢品，即歷輩達賴、班禪為首的西藏、甘肅、青海、蒙古等地宗教領袖，以及章嘉、阿旺班竹、阿嘉等駐京的胡圖克圖、王公大臣進獻給皇帝的禮品。按照清朝禮藩院的規定，達賴、班禪、章嘉、哲布尊丹巴等轉世大活佛定期向清朝廷進貢。貢品中即有法器、供器，如滿達、鈴杵、七珍、八寶等。二是清宮廷造辦處工匠所製。從乾隆時期的宮廷檔案記載可知，清宮廷佛堂供器、法器的製作，是在當時主持宮廷藏傳佛教的章嘉國師、阿旺班竹胡圖克圖等大喇嘛參與指導下進行的，嚴格遵循藏傳佛教規制要求，各種供器、法器製作完成後在佛堂內陳設擺放的位置、使用方法，無不嚴遵規制。中國第一歷史檔案館藏《各作成作活計清檔》記載：

乾隆三十六年……傳旨著三和金輝同去見章嘉胡土（圖）克圖，問造鈴杵如何對用響銅、金子、寶石之法。

乾隆二十四年，胡士傑交銀裡嘎布拉碗一件，傳旨著問胡土（圖）克圖將中間佛字轉過邊上咒語，使得使不得，欽此。

乾隆四十四年，蘇州織造全德，玉十塊成做嘎布拉鼓、鈴杵三份。把碗九件，……交蘇州成做。

可見宮廷的供器、法器比之民間寺院形制更為規整，裝飾更為豪華。以梵華樓為代表的六品佛樓供器，是現存清代宮廷佛堂供器中最完整的一堂。根據六品佛樓的密宗四部儀軌分為六部分，量身定製，種類豐富完整，質地豪華考究，製作工藝精良，完整展現了藏傳佛教密宗四部儀軌中使用的諸種供器與法器的神祕面貌。

佛塔是藏傳佛教寺院室外建築中重要的一種，代表著佛的法身，是佛陀涅槃的象徵。藏傳寺院多建有獨立的或成組製作的佛塔，如善逝八塔，用八

---

[1] 土觀·洛桑卻吉尼瑪著，陳慶英、馬連龍譯：《章嘉國師若必多吉傳》，頁222，民族出版社，1986。

座塔代表釋迦牟尼佛一生中的八件大事，稱之為聚蓮塔、菩提塔、多門塔、神變塔、天降塔、和好塔、尊勝塔、涅槃塔，八塔的塔座與塔身樣式各有差異。佛塔也是藏傳佛殿內的重要供設，藏傳佛殿內的佛塔一般內供藏歷輩高僧的靈骨，亦稱靈骨塔。

梵華樓樓下六座琺瑯大塔，內供佛像，採用了豪華的銅鎏金掐絲琺瑯工藝，體量巨大，造型華美，最具宮廷特色。一室藏式塔，圓形仰覆蓮花底座，外形為覆鐘形塔身，為13-14世紀時流行的西藏噶當塔樣式；二室四方束腰塔座，塔身、塔　是覆缽形藏式塔的變體；三室塔塔身外形為兩缽一仰一覆相扣，塔　相輪細巧，座面立八個小塔，塔形秀巧，是清代流行的藏式塔外形，近似北京黃寺清淨化成塔；四室塔塔身為三層樓閣組合造型，依照清代宮殿營造法式設計，第一層為四方殿，飛簷二層，二層為八方重簷殿，三層為三重簷圓殿，塔頂為寶瓶金剛鈴；五室密簷式塔，六方束腰塔座，塔階九級，塔　十一層，成六方尖錐形，外形近似北京真覺寺金剛寶座塔；六室覆缽式藏式塔，塔　十三層，細高，是清代流行的藏式塔樣，如建於順治八年（1651）的北京北海白塔。

梵華樓琺瑯塔是漢藏佛教藝術、宮廷與民間藝術的巧妙結合。六座塔有四座藏式塔，一座漢地密簷式塔，一座漢地樓閣式塔。塔的形制有的仿自建築實體，有的是並無實物依據的巧妙設計。如四室的樓閣式塔，整座塔由下而上分別為四方、八方、圓頂攢尖三種形制組合。不同的形制組合，比單一結構要複雜困難得多，足見清宮匠師們設計的巧思與大膽。這六座琺瑯大塔豪華精美，是藏傳佛塔中珍稀文物，顯示了清宮廷皇家佛堂的豪華氣概。可見乾隆皇帝對於宮廷佛堂建設是不惜工本精益求精的。

梵華樓收藏了成堂的供器，數量多，品種豐富，放置在十個金花皮箱內。按六部分別供設（每部除供器外，還內供六部佛經、佛衣），清宮陳設檔《梵華樓、佛日樓》[2]記錄如下（編號筆者所加）：

---

[2] 故宮圖書館藏清宮陳設檔：《梵華樓、佛日樓》，編號：故宮博物院文獻館設402抄本。此檔案沒有紀年。故宮還存有一份陳設檔：《梵華樓陳設檔冊》，光緒十二年十一月新立，編號：故宮博物院文獻館陳503抄本。比較兩冊內容，前者時代早。

般若品金剛經一部。

般若第一品金花皮箱一件，上層內盛 1. 金漆嵌玻璃五佛冠一頂，隨五色緞飄帶；下層內盛 2. 銀八寶一分（份），連銅座共重一百十六兩；3. 銀七珍一分（份），連銅座共重一百三兩。

無上陽體祕蜜（密）佛經一部。

般若第一品金花皮箱一件，內盛 4. 繡黃片金藏帽一頂；5. 黃片金斗篷一件；6. 銀鍍金輪環二件，重四兩，上嵌結子板塊正珠二十四顆，海龍邊；7. 隨黃緞織金邊繡八寶千佛衣一件；8. 紅緞織金邊黃緞織金心披衫一件；9. 紅緞織金邊黃緞金坎肩一件；10. 金黃緞織金七衣一件；11. 紅緞織金五衣一件；12. 紅緞織金裙一件；13. 黃緞帶一條。

無上陽體第二品金花皮箱一件，上層內盛 14. 銅鍍金方圓杓二件；二層內盛 15. 鐵鋄金鈎子二件；16. 鐵鋄金廂（鑲）象牙骷髏叉子一件；三層內盛 17. 鋄金三首杵一件；18. 鐵鎖子一掛；19. 青條子一件，隨鍍金杵二件；底屜內盛 20. 鐵鋄金月牙杵一分（份）；21. 鐵鋄金鈴杵一分（份）。

無上陰體第三品金花皮箱一件，上層內盛 22. 銀鍍金杵一件，重十八兩；23. 鐵鋄金月牙杵一分（份），重十三兩五錢；二層內盛 24. 銀鍍金杵一件；25. 銅鍍金嵌骷髏棒一件；26. 鐵骷髏數珠一盤；27. 紫檀靶鐵鋄金鈴杵一件；三層內盛 28. 鐵鋄金靶劍一把。

無上陰體上樂王經一部。

無上陰體第三品金花皮箱一件，上層內盛 29. 鐵鋄金紫檀靶劍一把；30. 銀喀章嘎一件，重七兩五錢；31. 金銀線燔一件，上穿小正珠十九顆、珊瑚珠一個、藍寶石墜角、紅寶石墜角三個；32. 嘎布拉念珠一盤，珊瑚佛頭、青金塔、加間銀圈五個，珊瑚白玉寶紀念三掛，松石蝠一個；33. 銀斧一件，烏拉小正珠一顆，紅寶石墜角；34. 銀杵一件，珊瑚珠一個，紅寶石墜角；底屜內盛 35. 銀 鋄金月斧杵一件。

無上陰體第三品金花皮箱一件，內盛 36. 彩漆弓一張。

無上陰體第三品金花皮箱一件，內盛 37. 箭五枝。

瑜伽根本毗盧經一部。

瑜伽根本第四品金花皮箱一件，上層內盛 38. 銀鍍金鑲嵌輪一件，重五十二兩；39. 銅鍍金三寶珠一件；40. 銅鍍金十字杵一件；41. 銅鍍金花一件；下層內盛 42. 鐵杵一件。

德行根本青衣手持金剛菩薩經一部。

德行根本第五品金花皮箱一件，上層內盛 43. 密（蜜）蠟念珠一盤，計珠一百八顆；下層內盛 44. 珊瑚念珠一盤；45. 銅鍍金花二件；46. 銀鍍金杵一件，共重十九兩，隨銀鍍金座一件。

功行根本無量壽智經一部。

功行根本第六品金花皮箱一件，上層內盛 47. 銅鍍金傘一件；48. 銅鍍金紫檀靶鐵劍一把；下層內盛 49. 銅鍍金杵一件；50. 銀鍍金奔靶壺一件，重二十三兩；51. 銅鍍金花一件；52. 髮巾一件；53. 白綾畫虎皮、象皮二件，金頂廂（鑲）青金珊瑚松石。

由以上檔案記錄可知梵華樓原供設十個供器箱，記憶體各種供器五十三件套（內有重複品種）。

光陰荏苒，梵華樓建成 154 年後，故宮博物院成立。1928 年，在清點梵華樓文物的《故宮物品點查報告》中，梵華樓內未見供器箱記錄。故宮博物院現存六品佛樓供器箱八個，記憶體供器四十七件。除以上八箱供器外，故宮博物院還保存瓔珞佛衣多件，也是六品佛樓供器箱內供物。這八箱供器及法衣原屬的六品佛樓已無從查考。

從現存梵華樓、慧曜樓、普陀宗乘寺陳設檔可知，六品佛樓供器箱和佛像一樣都是按照藏傳佛教儀軌設計，各品分類擺放，每品供器箱有一至四箱不等。每箱放置的供器數量、種類、質地，幾座六品佛樓都有變化，出入很大。根據相關的《活計檔》、《陳設檔》，本書初步確定了這八箱法器所屬的品部，並按照品部順序排列。梵華樓為研究藏傳佛教供器、法器的組合關係，每件器具宗教象徵意義，提供了難得的實物資料。

箱內所藏的器具，種類豐富。許多器具我們只能在雕塑的佛像手中持物和唐卡壁畫上繪的神佛持物中看到，大量的法器實物是罕見的。這些器具，清宮通稱供器，供奉於六品佛樓各部。但具體到某件器物，功能不同，大體

分為以下四類：

一、桌案供器

　　七珍、八寶、如意輪、佛花、摩尼寶珠、寶蓋、寶瓶，上述器具均為佛堂供案上常見的供設器物。

二、密宗禮儀器具

　　金剛杵、金剛鈴、圓法勺、方法勺、嘎巴拉念珠、嘎巴拉碗，這是宮廷中喇嘛作密宗法事時使用的法器，為修法、禮敬或儀式用器物。

三、神佛手持兵器

　　骷髏棒、鐵劍、金剛鉤、金剛鉞斧、金剛鉞刀、金剛錘、金剛交杵、三尖叉、喀章喀、鐵劍、靶劍，這些兵器均為藏傳佛教中諸位神靈所持的法器，為神靈的標識。[3]我們可在金銅佛像、唐卡上看到。如大威德金剛身右側手中就持有骷髏棒、金剛鉞斧、金剛鉞刀、金剛錘、金剛杵、喀章喀、鐵劍。這些法器單獨做成實物是很罕見的，除佛堂內供奉外，是否在喇嘛作密宗法事儀式時使用、還有待查考。

四、佛衣

　　六品佛樓供奉的佛衣全部為喇嘛服飾，分兩種：

　　1. 瓔珞佛衣、金五佛冠、線法冠。

這是宮廷舉行藏傳佛教密宗法事時大喇嘛穿用的貴重服飾。據檔案記載，放置於瑜伽根本品部供器箱，亦有放在般若品、功行品部供器箱內。

　　2. 藏帽、斗篷、千佛衣、五衣、七衣、披衫、裙衣、坎肩。

這是大喇嘛的日常服飾。據清宮檔案《活計檔》記載，這些服飾的式樣，是按照朝廷賞賜達賴喇嘛佛衣樣子製作的：

　　乾隆二十七年皮裁作，五月十三日，郎中白世秀、員外郎寅著來說，太監胡世杰傳旨：將先做過賞達賴喇嘛佛衣紙樣送進呈覽。欽此。於本月二十七日，郎中白世秀、員外郎寅著將斗篷樣一件、藏帽樣一件、千佛衣樣

---

③ 關於各種藏傳佛教法器的分類與宗教含義解釋參見羅伯特．比爾 Robert Beer 著／繪，向紅笳譯：《藏傳佛教象徵符號與器物圖解》（The Handbook Of TIBETAN BUDDHIST SYMBOLS），時報文化出版企業股份有限公司，2007。

一件、五衣樣一件、七衣樣一件、坎肩樣一件、披衫樣一件、裙樣一件，具各放大粘樣，持進交太監胡世杰呈覽。奉旨：將斗篷、藏帽照樣各成做二件，其餘具交蘇州，每照樣各織做二件，得時在慧曜樓佛櫃內供一份，又梵香樓內供一份。欽此。④

六品佛樓內供大喇嘛服飾的箱子，清宮檔案中亦稱之為「盛祖衣箱」，即祖師衣箱。以表尊奉法脈傳承之意，也體現藏傳佛教尊師重道的傳統。

梵華樓中的供器箱放在每室的佛格裡。每室兩座佛格，佛格上部是佛龕，分五層供奉六十一尊小佛像。佛格下部是供櫃，收藏供器箱和佛經。每座佛格有六扇櫃門，總計七十二扇，每扇門板芯都雕有精美的高浮雕圖案。這些高浮雕圖案不是先雕刻後再粘貼成的，而是採用了整塊原料剔底方法雕刻的，局部還採用透雕技法，圖案華美，刻藝精湛，每個櫃門都是精妙的木雕藝術品，門板圖案樣子都是與藏傳佛教有關的器物。由於年代久遠，有些圖案造型奇特，不敢隨意定名，有待深入研究。

清宮廷佛堂供器形制，在完全遵照佛教儀軌基礎上又增加了具有宮廷特色的美學設計，形制優美，材質豪華，工藝精湛，非民間寺院供器所能比肩。

---

④ 中國第一歷史檔案館藏乾隆二十七年《活計檔》，膠片號 111，案卷號 3519-3523。

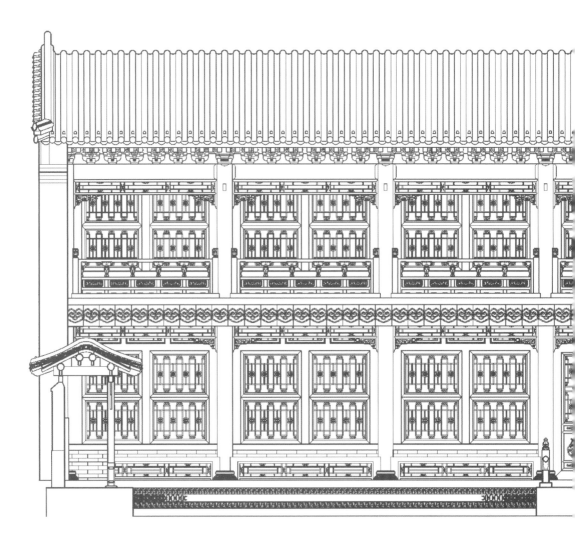

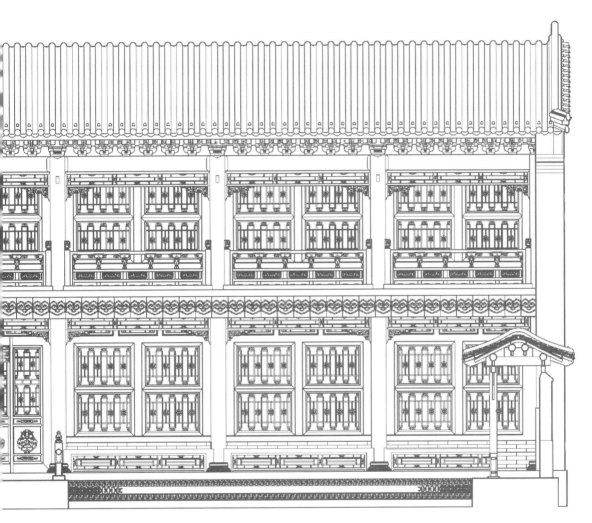

圖 2 梵華樓正立面圖

一 琺瑯佛塔

梵華樓琺瑯塔是漢藏佛教藝術、宮廷與民間藝術的巧妙結合。六座塔有四座藏式塔，一座漢地密簷式塔，一座漢地樓閣式塔，塔內供佛像。塔的形制有的仿自建築實體，有的是並無實物依據的巧妙設計，如四室的樓閣式塔，整座塔由下而上分別為四方、八方、圓頂攢尖三種形制組合。不同的形制組合，比單一結構要複雜困難的多，足見清宮匠師們設計的巧思與大膽。這六座琺瑯大塔全部採用了造價高昂的銅鎏金掐絲琺瑯工藝，體量巨大、造型華美，是藏傳佛塔中珍稀文物，顯示了清宮廷皇家佛堂的豪華氣概。由此可見乾隆皇帝對於宮廷佛堂建設是不惜工本、精益求精的。

| 一室般若品琺瑯佛塔 |

圖 5 銅掐絲琺瑯圓塔

塔最大徑 122 公分，高 241 公分；

木座直徑 130 公分，高 16 公分；

石座直徑 130 公分，高 81 公分。

F1XT（故 200016）

一室樓下琺瑯塔為藏式塔，位於屋內正中。圓形，塔頂立日月、頂珠，頂部天盤垂瓔珞墜角，天盤下為十三周塔 相輪。覆缽形塔身上裝飾兩周連珠紋，塔身下沿正中有「大清乾隆甲午年（1774）敬造」款。雙層仰覆蓮塔座，上沿和下沿各飾一周連珠紋，每個蓮瓣上裝飾五彩纏枝花紋。通體飾藍色地番蓮花紋和八寶紋。此種樣式為 13-14 世紀時流行的西藏式佛塔式樣。琺瑯塔下另有圓形紫檀木座和漢白玉座。紫檀木座上浮雕四層仰覆蓮，束腰上雕出一圈連珠紋。漢白玉座分六層，自上而下每層分別浮雕飄帶八寶紋、卷草紋、卷草蓮花紋、卷草紋、葉片紋、如意雲頭紋。

圖 5-1 銅掐絲琺瑯圓塔

圖 5-2　銅掐絲琺瑯圓塔

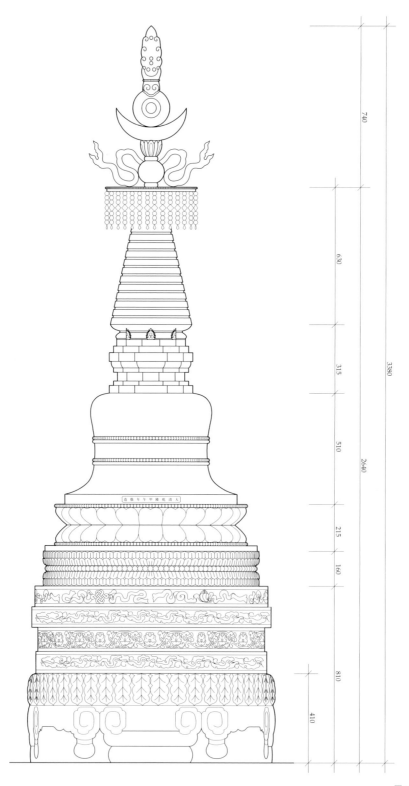

圖 5-3　銅掐絲琺瑯圓塔

⬤ 圖 5-4　銅掐絲琺瑯圓塔

二室無上陽體根本品琺瑯佛塔

圖6 銅掐絲琺瑯七層塔

塔底邊長 95 公分，高 241 公分；

紫檀木座邊長 99.5 公分，高 16 公分；

石座邊長 116 公分，高 82 公分。

F2XT （故 200013 1/5）

二室樓下為琺瑯七層塔，塔位於屋內正中。正方形。圓寶珠頂下接七層出簷塔，每層塔皆紅色地，上有黑色梵文咒語；塔身是覆缽塔變體，近似門的形狀，中部為圓弧形，四面設龕，外為鑲玻璃歡門，內供四尊大持金剛，飾藍、綠二色地番蓮花紋和八寶紋；塔座為須彌座，上沿正中有「大清乾隆甲午年（1774）敬造」款，上下巴達馬飾五彩纏枝蓮瓣花紋，束腰正中有一黃色鼓形開光，內飾藍色供碗一件，開光兩側飾綠色地寶相花紋。

琺瑯塔下亦有正方形紫檀木座和漢白玉座。紫檀木座上浮雕四層仰覆蓮，束腰上雕出一圈連珠紋。漢白玉座分六層，自上而下每層分別浮雕飄帶八寶紋、卷草紋、卷草蓮花紋、卷草紋、葉片紋、如意雲頭紋。

圖 6-1 銅掐絲琺瑯七層塔

圖 6-2 銅掐絲琺瑯七層塔

23

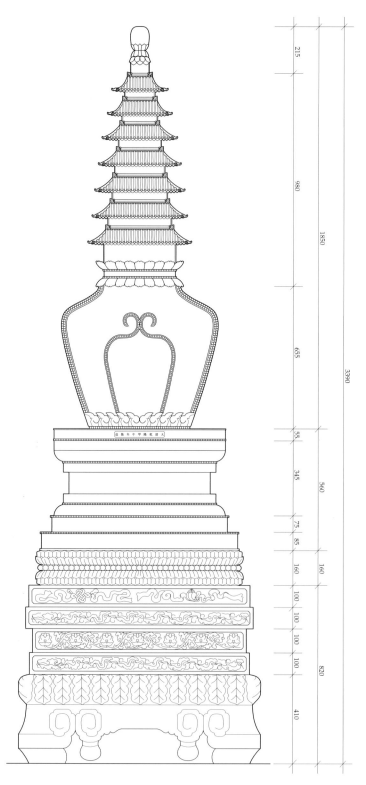

215

1850

980

3390

655

55

345

560

75
85

160 160

100 100

100 100

100

820

410

大清乾隆甲午年建敬

圖 6-3　銅掐絲琺瑯七層塔

● 圖 6-4　銅掐絲琺瑯七層塔

| 三室無上陰體根本品琺瑯佛塔 |

圖 7　銅掐絲琺瑯塔

<u>塔底邊長 93 公分，高 239 公分；</u>

<u>紫檀木座邊長 104 公分，高 16 公分；</u>

<u>石座邊長 112 公分，高 81 公分。</u>

F3XT（故 200012 1/2）

三室樓下琺瑯塔位於屋內正中。塔座四方委角形，通體以白色為地。塔頂立寶珠，頂部天盤垂瓔珞墜角，天盤下為十三周相輪，每週相輪上皆有黑色梵文咒語。塔身外形為兩鉢一仰一覆相扣，結合處飾一周連珠紋。鐘形塔身正中設一龕，外為鑲玻璃歡門，內供上樂王佛一尊。鉢形塔身置於四層收分台座上，台座最下層正中有「大清乾隆甲午年（1774）敬造」款。台座下為須彌形塔座，塔座束腰正中飾火焰摩尼寶珠紋，兩側飾獅紋。塔身和塔座皆滿飾番蓮紋、八寶紋和瓔珞紋。塔座上各立八個小塔，塔內各供空行母一尊。

琺瑯塔下另有正方形紫檀木座和漢白玉座。紫檀木座上浮雕四層仰覆蓮，束腰上雕出一圈連珠紋。漢白玉座分六層，自上而下每層分別浮雕飄帶八寶紋、卷草紋、卷草蓮花紋、卷草紋、葉片紋、如意雲頭紋。

圖 7-1　銅掐絲琺瑯塔

圖 7-2　銅掐絲琺瑯塔

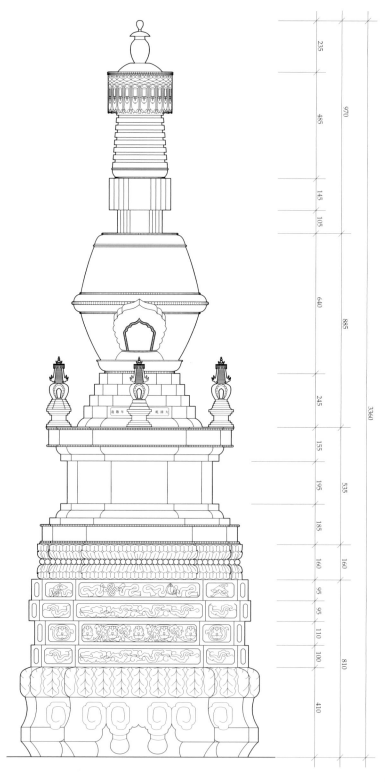

圖 7-3 銅掐絲琺瑯塔

● 圖 7-4 銅掐絲琺瑯塔

四室瑜伽根本品琺瑯佛塔

圖 8　琺瑯亭式三層塔龕

塔底邊長 90 公分，高 237.5 公分；
紫檀木座邊長 94.5 公分，高 16 公分；
石座邊長 110 公分，高 82.5 公分。

F4XT（故 200015 1/8）

四室樓下琺瑯三層塔龕位於屋內正中。塔頂為
寶瓶金剛鈴形。塔身為三重樓閣組合造型，依
照清代《工程做法》設計。最下層為重簷四方
殿，四面中間各設一龕，外為鑲玻璃歡門，內
供釋迦牟尼佛三尊和藥師佛一尊，龕兩側各有
一雙扇門，可以開合。中間層為重簷八方殿，
南面和北面各設一龕，外為鑲玻璃歡門，內供
釋迦牟尼佛二尊，其他六面均為雙扇門，亦開
合自如。最上層為三重簷圓殿，南面設龕，外
為鑲玻璃歡門，內供釋迦牟尼佛一尊。每層殿
外均設回廊，並有廊柱，最下層南面回廊外上
沿正中有「大清乾隆甲午年（1774）敬造」款。
屋簷皆呈金色，每層殿的龕和雙扇門皆飾藍色
地番蓮花紋和八寶紋。雙層仰覆蓮塔座，每個
蓮瓣上裝飾五彩纏枝花紋。

琺瑯塔下另有正方形紫檀木座和漢白玉座。紫
檀木座上浮雕四層仰覆蓮，束腰上雕出一圈連
珠紋。漢白玉座分六層，自上而下每層分別浮
雕飄帶八寶紋、卷草紋、卷草蓮花紋、卷草紋、
葉片紋、如意雲頭紋。

圖 8-1　琺瑯亭式三層塔龕

圖 8-2　琺瑯亭式三層塔龕

31

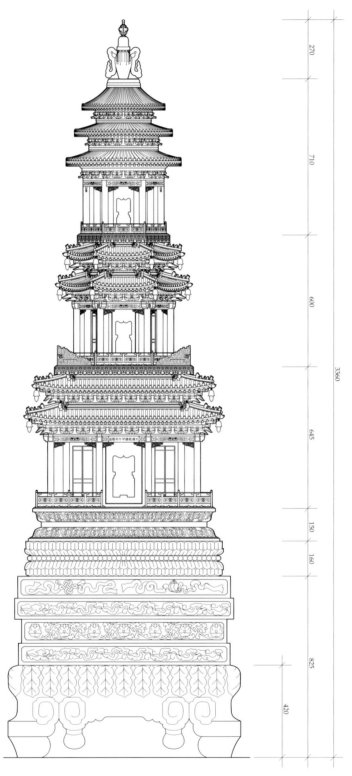

270

710

600

3360

645

150

160

825

420

圖 8-3　琺瑯亭式三層塔龕

● 圖 8-4　琺瑯亭式三層塔龕

五室德行根本品琺瑯佛塔

圖9 銅掐絲琺瑯塔

塔底邊長 54.7 公分，高 240 公分；

紫檀木座邊長 57.5 公分，高 16 公分；

石座邊長 66.5 公分，高 81 公分。

F5XT（故 200014）

五室樓下琺瑯塔位於屋內正中。六邊形。塔頂立三層圓形寶珠，下為十一級出簷塔，從下到上收分。塔下為塔室，每面正中設一龕，龕邊緣裝飾銅鑄火焰，內飾玻璃鏡積光佛母像。塔室下為九級塔階，亦從下到上收分，最上層塔階正中有「大清乾隆甲午年（1774）敬造」款。塔座為須彌座。通體以藍、綠二色為地，飾番蓮花紋、八寶紋、蓮瓣紋、萬字紋等。

琺瑯塔下另有六邊形紫檀木座和漢白玉座。紫檀木座上浮雕四層仰覆蓮，束腰上雕出一圈連珠紋。漢白玉座分六層，自上而下每層分別浮雕飄帶八寶紋、卷草紋、卷草蓮花紋、卷草紋、葉片紋、如意雲頭紋。

圖 9-1　銅掐絲琺瑯塔

圖 9-2　銅掐絲琺瑯塔

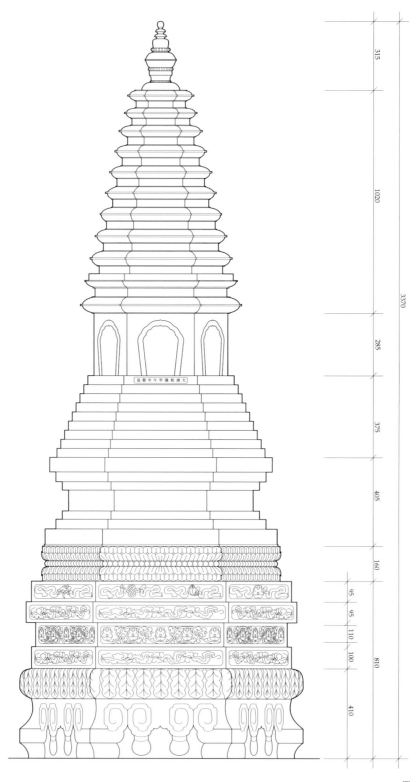

315

1020

3370

285

375

405

160

95

95

110

100

810

410

大清乾隆甲午年敬造

圖 9-3　銅掐絲琺瑯塔

● 圖 9-4　銅掐絲琺瑯塔

圖 9-5 塔門積光佛母像

琺瑯塔塔門積光佛母像共有六張，完全相同，由鏡片和畫片組合而成。具體做法是：先在紙上繪出積光佛母畫像，然後將畫像貼在玻璃片上，根據畫像內容，將玻璃片上不能遮蓋畫像的地方，連其背面塗上水銀成為鏡面，從而形成有畫面的地方能透過玻璃看見畫面，而沒有畫面的地方則是鏡子這種獨特的裝飾效果。

畫片上的積光佛母白色身，三面八臂，每面各三目，頭戴五葉冠，高髮髻，嗔怒相。三面從左至右分別為黑色豬面、白色年輕女人面、黃色老年女人面；頭後有黃色圓形頭光。袒露上身，肩披紅綠二色帛帶，下身著兩層裙，外裙為淺灰色，內裙為淺褐色，佩飾耳璫、項鍊、臂釧、手鐲、腳鐲。左元手於胸前持索，右元手於胸前施說法印；左副手自上而下分別持藍色器物（名稱待考）、白色繩索、弓，右副手自上而下分別持藍色器物（名稱待考）、杖鉤、箭。身後有白色圓形身光，繪黑色光線。舞立於由七頭小黑豬拉的雙龍轅紅色四輪車上，豬車奔騰在白色祥雲上，雲間還有一力士雙手高舉，托住豬車一側的兩個輔首銜環。畫片上方背光周圍繪建築樑柱作裝飾，頂部三層橫樑上繪五座綠色藏式佛塔。

圖 9-5　塔門積光佛母像

38

| 六室功行根本品琺瑯佛塔 |

圖 10　銅掐絲琺瑯塔

塔底邊長 93.5 公分，高 240.5 公分，
紫檀木座邊長 97 公分，高 16 公分，
石座邊長 113 公分，高 81.5 公分。

F6XT（故 200017 1/2）

六室樓下琺瑯塔位於屋內正中。主體部分為圓
形。塔頂立日月、天盤，天盤下為十三周塔 相
輪，每層塔 相輪皆黃色地，上有黑色梵文咒語。
覆缽形塔身亦黃色地，上部裝飾一周蓮瓣和一
周連珠紋，下部裝飾番蓮花紋和八寶紋。塔身
正中設一龕，外為鑲玻璃歡門，內供尊勝佛母
一尊。塔身置於五層收分台座上，除最上一層
和最下一層各裝飾一周覆蓮紋外，其餘三層皆
黃色地，上有黑色梵文咒語。塔座為正方形須
彌座，上沿和下沿均為藍色地，飾番蓮花紋，
上沿正中還有「大清乾隆甲午年（1774）敬造」
款。上下巴達馬各飾一周蓮瓣和一周雷紋，束
腰正中繪金剛交杵，兩側各有一長方形開光，
內各繪一隻雄獅。琺瑯塔下有正方形紫檀木座
和漢白玉座。紫檀木座上浮雕四層仰覆蓮，束
腰上雕出一圈連珠紋。漢白玉座分六層，自上
而下每層分別浮雕飄帶八寶紋、卷草紋、卷草
蓮花紋、卷草紋、葉片紋、如意雲頭紋。

圖 10-1　銅掐絲琺瑯塔

圖 10-2　銅掐絲琺瑯塔

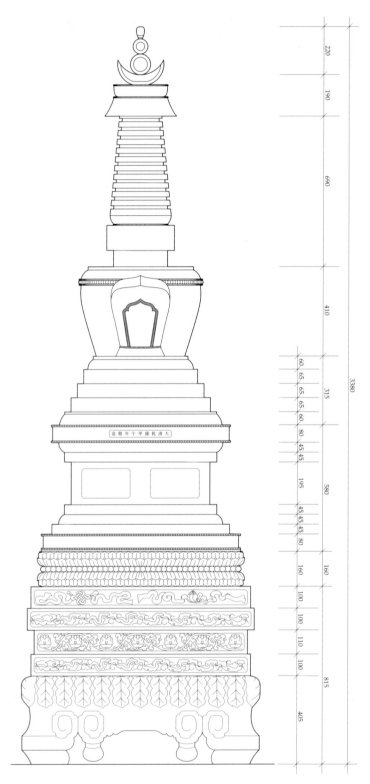

大清乾隆甲午年敬造

220
190
690
410
315
60
65
65
65
60
80
45
45
195
45
45
45
80
160
100
100
110
100
405

3380
160
580
815

圖 10-3　銅掐絲琺瑯塔

● 圖 10-4　銅掐絲琺瑯塔

二　六品佛供器箱

梵華樓收藏了成堂的供器，數量多，品種豐富，放置十隻金花皮箱內，按六部分別供設，清代《梵華樓陳設檔》中有完整的記錄。一九二八年，在清點梵華文物的《故宮物品點查報告》中，梵華樓內未見供器箱記錄。

故宮博物院現存六品佛樓供器箱八個，記憶體供器四十七件。所藏的器具種類豐富，許多器具我們只能在佛像手中持物和唐卡繪畫的神佛持物上看到，大量的法器實物是罕見的。這些器具，清宮通稱供器，供奉於六品佛樓各部，但具體到某件器物，功能不同，大體分為以下四類：

一、桌案供器，七珍八寶等均為佛堂供案上常見的供設器物。

二、密宗禮儀器具，金剛杵、金剛鈴、圓法勺、方法勺、嘎巴拉念珠、嘎巴拉碗等，是宮廷中喇嘛作密宗佛事時使用的法器，為修法、禮敬或儀式用器物。

三、神佛手持兵器，骷髏棒、鐵劍、金剛鉤等，這些兵器均為藏傳佛教中諸位神佛所持的法器，為神佛的標識。

四、佛衣。

一室般若品供器

第一箱

長 76.5 公分，寬 18 公分，高 40 公分。
箱內裝銅鍍金七珍一套七件、銅鍍金八寶一套
八件、五佛冠一件。

圖 11　供器箱

圖 12　七珍

七珍由象寶、摩尼寶、主藏臣寶、輪寶、玉女
寶、將軍寶、紺馬寶組成。

圖 11-1　供器箱

圖 11-2　供器箱

圖 12　七珍

47

圖 13　象寶

高 14.2 公分，底徑 7.2 公分。

（故 185696 3/7）

象寶通體黃銅鍍金。中心部分是大象，象鞍墊上裝飾有海水江崖及各種如意雲紋。象背上馱有一個寶瓶，寶瓶兩側飾有飄帶，寶瓶上半部分為火焰寶珠。象立在圓形仰覆蓮座上，蓮座上部為蓮蓬形像。

圖 15　主藏臣寶

高 14.2 公分，底徑 7.2 公分。

（故 185696 4/7）

主藏臣寶通體黃銅鍍金。男士形像，身著垂領式大袍，頭戴五葉寶冠，高髻。左手施觸地印，右手施禪定印，姿態裝束近似佛像。全跏趺坐在圓形仰覆蓮座上，蓮座上部為蓮蓬形像。

圖 14　摩尼寶

高 13.8 公分，底徑 7.2 公分。

（故 185696 2/7）

摩尼寶通體黃銅鍍金。中間部分為三顆寶珠，周圍燃燒的火焰。安置在圓形仰覆蓮座上，蓮座上部為蓮蓬形像。

圖 13　象寶　　　　　　　　　　　　　　圖 14　摩尼寶

圖 15 主藏臣寶

49

圖 16 輪寶

高 14.2 公分，底徑 7.2 公分。

（故 185696 1/7）

輪寶即法輪，通體黃銅鍍金。法輪中間雕太極陰陽魚，周邊飾以三圈連珠紋，最外面是一圈蓮瓣。八根粗壯輪輻，輪軻滿飾勾蓮紋，輪輻頂端裝飾如意雲頭。法輪安置在圓形仰覆蓮座上，蓮座上部為蓮蓬形像。

圖 17 玉女寶

高 14.5 公分，底徑 7.2 公分。

（故 185696 5/7）

玉女寶通體黃銅鍍金。女士形像，身著垂領式大袍，頭戴五葉寶冠，中間飾有寶石。高髮髻，髮髻裝飾花，戴大耳環。左手施說法印，右手施禪定印，姿態裝束近似佛像。全跏趺坐在圓形仰覆蓮座上，蓮座上部為蓮蓬形像。

圖 16　輪寶

圖 17　玉女寶

51

圖 18　將軍寶

高 13 公分，底徑 7.2 公分。

（故 185696 6/7）

將軍寶通體黃銅鍍金。將軍形象，身穿盔甲，頭戴戰盔，盔頂飄動著一縷紅纓。兩臂抬起，屈膝跪坐姿態。下為圓形仰覆蓮座，蓮座上部為蓮蓬形像。

圖 19　紺馬寶

高 12.5 公分，底徑 7.2 公分。

（故 185696 7/7）

紺馬寶通體黃銅鍍金。圓形仰覆蓮座上立一匹全鞍駿馬，馬耳、馬鼻塗朱，項下掛有紅纓。馬鞍墊上裝飾雲紋，馬鞍上馱寶瓶，寶瓶中插花葉。

圖 18　將軍寶

圖 19　紺馬寶

53

圖 20　八寶

八寶由法輪、法螺、寶傘、白蓋、蓮花、寶罐、
雙魚、盤長組成。

圖 20　八寶

55

圖 21　法輪

通高 14.5 公分，寬 7.8 公分。

（故 185694 4/8）

法輪通體黃銅鍍金。上部為圓輪，圓輪內立八輻法輪，法輪兩邊用花葉依託。圓輪承托在蓮花上，蓮花由葉、莖、花朵組成，蓮莖插在圓形覆蓮座上。

圖 22　法螺

通高 14.5，寬 7.8 公分。

（故 185694 1/8）

法螺通體黃銅鍍金。上部為圓輪，圓輪中間立海螺，海螺兩邊用花葉依託。圓輪承托在蓮花上，蓮花由葉、莖、花朵組成，蓮莖插在圓形覆蓮座上。

圖 23　寶傘

通高 14.5 公分，寬 7.8 公分。

（故 185694 2/8）

寶傘通體黃銅鍍金。上部為圓輪，圓輪內立寶傘，傘兩邊用花葉依託。圓輪承托在蓮花上，蓮花由葉、莖、花朵組成，蓮莖插在圓形覆蓮座上。

圖 21　法輪

圖 22　法螺

圖 23　寶傘

57

圖 24　白蓋

通高 14.5 公分，寬 7.8 公分。

（故 185694 3/8）

白蓋通體黃銅鍍金。上部為圓輪，圓輪內立白蓋，蓋兩邊用花葉依託。圓輪承托在蓮花上，蓮花由葉、莖、花朵組成，蓮莖插在圓形覆蓮座上。

圖 25　蓮花

通高 14.5 公分，寬 7.8 公分。

（故 185694 5/8）

蓮花通體黃銅鍍金。上部為圓輪，圓輪內立蓮花，花兩邊用花葉依託。圓輪承托在蓮花上，蓮花由葉、莖、花朵組成，蓮莖插在圓形覆蓮座上。

圖 26　寶罐

通高 14.5 公分，寬 7.8 公分。

（故 185694 6/8）

寶罐通體黃銅鍍金。上部為圓輪，圓輪內立寶罐，寶罐兩邊用花葉依託。圓輪承托在蓮花上，蓮花由葉、莖、花朵組成，蓮莖插在圓形覆蓮座上。

圖 24　白蓋　　　　　　　　　　圖 25　蓮花

圖 26　寶罐

59

圖 27　雙魚

通高 14.5 公分，寬 7.8 公分。

（故 185694 7/8）

雙魚通體黃銅鍍金。上部為圓輪，圓輪內立雙魚，魚兩邊用花葉依託。圓輪承托在蓮花上，蓮花由葉、莖、花朵組成，蓮莖插在圓形覆蓮座上。

圖 28　盤長

通高 14.5 公分，寬 7.8 公分。

（故 185694 8/8）

盤長通體黃銅鍍金。上部為圓輪，圓輪內立盤長，盤長兩邊用花葉依託。圓輪承托在蓮花上，蓮花由葉、莖、花朵組成，蓮莖插在圓形覆蓮座上。

圖 27　雙魚　　　　　　　　　　　　　圖 28　盤長

圖29 五佛冠

冠葉長 16.6 公分，冠葉寬 10.2 公分，飄帶長 45 公分。

（故 185693）

五佛冠冠葉是在布面上彩繪佛像，襯以硬紙，以黃絲絨繩連綴而成。佛像通體呈金色，袒上身，飾飄帶，下身著裙裝。蓮座為紅、白、綠三色，蓮座下飾以方勝紋。佛像四周襯以紅、藍、綠各色寶石。佛冠兩端掛多幅飄帶，為黃、黑、綠、白四色織金緞，飄帶頂端繡黑色雲紋如意頭，雲頭下飾粉色絲線。飄帶下擺飾紅、黃、綠各色絲線。

圖 29-1　五佛冠

圖 29-2 五佛冠——冠葉

圖 29-3　五佛冠──五色緞飄帶

| 二室無上陽體根本品供器 |

第二箱

長 76.5 公分，寬 18 公分，高 40 公分。

箱內裝金剛杵、鐵劍、骷髏棒、金剛鉤、金剛鈛斧、三尖叉各一件。

圖 30　金剛杵

長 19 公分。

（故 185700）

五股金剛杵，黃銅鍍金。正中手握處為圓球形，兩端杵頭形象一致，均為覆蓮座，中間立柱為方錐形杵頭，圍繞的四個杵頭為摩羯龍頭形。

圖 31　鐵劍

長 51.5 公分。

（故 185702）

劍由劍柄、劍鍔、劍身組成，紫檀木劍柄，劍首鑲銅鍍金杵頭，劍鍔部分為鐵金刻花。劍身鐵質，打磨光亮。

圖 32　骷髏棒

長 43 公分。

（故 185701）

棒為紫檀木圓把，中間粗，兩端漸收。兩端鑲銅鍍金杵頭，頂端杵頭下嵌象牙製成的骷髏頭。

圖 33　鐵劍

長 48 公分，寬 5.5 公分。

（故 185703）

鉤為八稜形紫檀木把，中間粗，兩端漸收。頂部為黑鐵彎鉤，鉤頭底部為一方塊，上刻菱形裝飾，邊緣金。木把末端鑲鍍金杵頭。

圖 30　雙魚

圖 31　鐵劍

圖 34　金剛鉞斧

長 48 公分，寬 14.5 公分。

（故 185713）

斧為八稜形紫檀木把，中間粗，兩端漸收。半月形斧頭為
鐵質，斧頭與兩個金剛杵頭呈十字相連。木把末端鑲鍍金
杵頭。

圖 35　三尖叉

長 51 公分，寬 6.3 公分。

（故 185721）

叉為八稜形紫檀木把，中間粗，兩端漸收。上部為鐵質山
字形叉頭，叉頭邊緣金。叉頭下鑲象牙骷髏。木把末端鑲
鍍金杵頭。

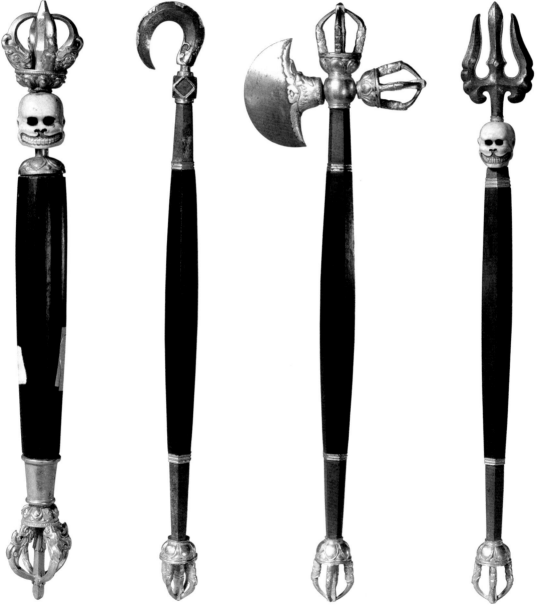

圖 32　骷髏棒　　　　　圖 33　金剛鉤　　　　　圖 34　金剛鉞斧　　　　　圖 35　三尖叉

第三箱

長 76.5 公分，寬 18 公分，高 40 公分。

箱內裝圓法勺、方法勺、鉞刀、金剛錘、金剛鉤各一件。

圖 36　圓法勺

長 61 公分，寬 6 公分。

（故 185691）

勺通體鍍金。圓形勺體，細長圓形勺柄，勺柄與勺介面處雕摩羯龍，勺柄末端為鍍金杵頭。

圖 37　方法勺

長 81 公分，寬 10 公分。

（故 185692）

勺通體鍍金。三層內凹式方形勺體，內層圓形勺體裡放置有金剛交杵，方勺上方及下方鑄有鏤空蓮花、金剛杵裝飾。三層勺體四周邊緣陽鑄有法輪、摩尼寶、金剛杵花紋。圓形細長柄上部介面處雕摩羯龍，末端為鍍金杵頭。

圖 38　鉞刀

長 20.5 公分，寬 15.5 公分。

（故 185704）

鉞刀為銅鍍金。刀刃為半月形，一端有向下的彎鉤。執柄中部是圓球，頂端為半個金剛杵。刀刃上部有鍍金獸面裝飾。

圖 39　金剛錘

長 46.5 公分，寬 13.8 公分。

（故 185705）

錘首上方、前方均為鍍金金剛杵頭，下方為圓錘頭，錘頭上部及下部均有鍍金裝飾。錘柄為中間粗、兩邊漸收的八稜形，中部紫檀木，兩端為鐵製，在木、鐵的介面處有鍍金包圈裝飾。錘柄末端為鍍金杵頭。

圖 40　金剛鉤

長 48 公分，寬 14 公分。

（故 185720）

金剛鉤與兩個金剛杵頭呈十字相接，鐵鉤頭上部及下部均有鍍金裝飾。鉤柄為中間粗、兩邊漸收的八稜形，中部紫檀木，兩端為鐵製，在木、鐵的介面處有鍍金包圈裝飾。鉤柄末端為鍍金杵頭。

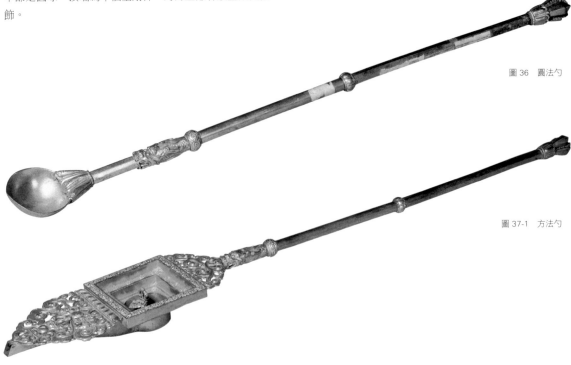

圖 36　圓法勺

圖 37-1　方法勺

圖 38　鉞刀

圖 37-2　方法勺

圖 39　金剛錘

圖 29-3　金剛鉤

| 三室無上陰體根本品供器 |

第四箱

長 76.5 公分，寬 18 公分，高 40 公分。

箱內裝嘎巴拉念珠、嘎巴拉碗、喀章嘎、鐵劍、
鉞刀各一件。

圖 41　嘎巴拉念珠

通長 27 公分。

（故 185716）

念珠由一百零八顆人骨製成，用黃色絲線串連
而成。每顆念珠兩面扁平，外圓嵌金銀釘，念
珠之間裝飾有四顆珊瑚珠，念珠下端有葫蘆形
玉墜。

圖 42　嘎巴拉碗

通高 18.5 公分，口長徑 17.8 公分，
口短徑 13.5 公分。

（故 185717）

嘎巴拉碗由碗蓋、器身、碗托三部分組成。碗
蓋通體鍍金，上刻八寶紋、如意雲紋。碗體由
人頭骨製成，內鑲嵌銀裡。三角形鍍金碗托，
頂端各有一骷髏頭。碗蓋、碗托鑲嵌松石、珊
瑚。

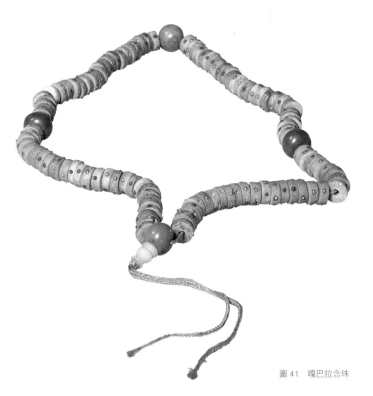

圖 41　嘎巴拉念珠

圖 42-1　嘎巴拉碗

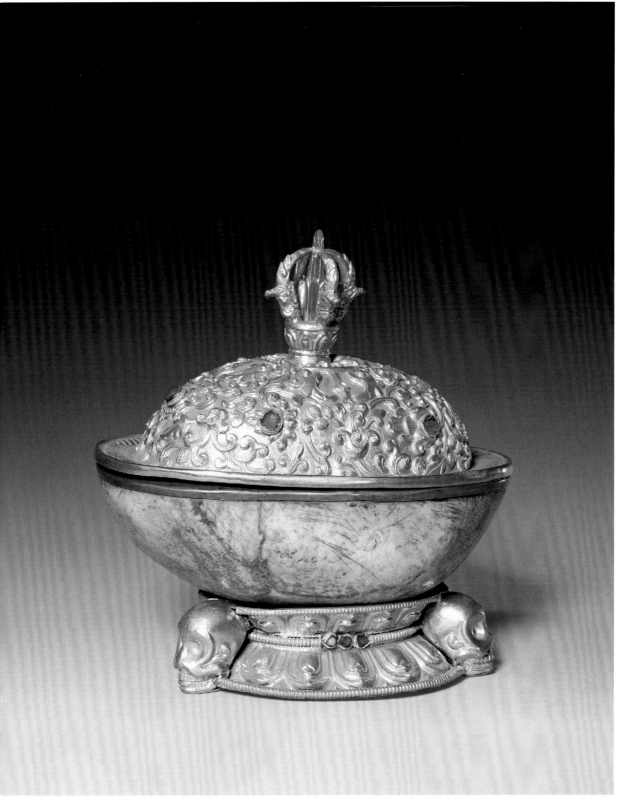

圖 42-2　嘎巴拉碗

圖 43 喀章嘎

通長 39.5 公分。

（故 185714）

喀章嘎通體銀鍍金。杆細長，頂端立金剛杵，下為一骷髏頭和兩個佛頭。佛頭下緊連金剛交杵，交杵下為一寶瓶，瓶兩側飾有飄帶。飄帶底部為花葉形，中間飾有紅、藍、綠三色寶石，寶瓶底部有圓環懸掛一小金剛鈴。

圖 44 鐵劍

通長 21.5 公分。

（故 185715）

劍身為鐵質。劍柄為一金剛杵形，劍格三寶珠形。劍身中腰弧線內收，與常見平直劍身不同。

圖 45 鉞刀

長 23 公分，寬 17 公分。

（故 185718）

鉞刀為銅鍍金。刀刃為半月形，一端有向下的彎鉤。執柄中部是圓球，頂端為半個金剛杵。刀刃上部有鍍金獸面裝飾。

圖 43　喀章嘎　　　　圖 44　鐵劍　　　　　　　　　　　　　　圖 45　鉞刀

70

第五箱

長 104.5 公分，寬 18 公分，高 40 公分。

箱內裝喀章嘎、靶劍各一件。箱蓋內側貼白綾簽，墨書漢、滿、蒙、藏四種文字題記，其中漢文為：「乾隆四十六年十一月十五日章嘉胡土克圖恭進鐵金喀章喀一件、鞔紅皮鐵金什件靶劍一把。」

圖 46　喀章嘎

通長 90 公分。

（故 185429）

喀章嘎通體為鐵金製成。杆細長，由七層法物串連組成。頂端為金剛杵，第二層為骷髏頭，第三、第四層為人頭，第五層為金剛交杵，第六層為奔巴瓶，第七層為小金剛鈴懸掛於鐵金八稜杆上。八稜杆由上自下漸收，表面鏨出精美花紋。

圖 47　靶劍

通長 102 公分。

（故 185428）

靶劍為鐵質劍身，帶有紅色鞔皮劍套，劍套包裹有鐵金嵌松石鏤空裝飾。嵌松石圓形劍格，隨手圓形劍莖中部微鼓，嵌松石圓形帶揪劍首。劍格與劍首之間有一護手，劍身及劍首處分別拴有黃色劍帶、劍穗。鍍金劍格、劍首、護手處均刻連珠紋飾。

圖 46-1　喀章嘎

71

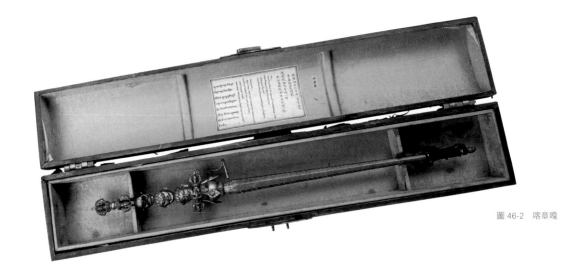

圖 46-2　喀章嘎

圖 47　靶劍

｜四室瑜伽根本品供器｜

第六箱

長 76.5 公分，寬 18 公分，高 40 公分。
箱內裝如意輪一件、佛花二件。

圖 48　如意輪

通高 18.2 公分，底徑 7 公分。

（故 185298）

如意輪通體鍍金，滿工滿花，紋飾繁縟。外形呈圓桶狀，腰部內收，分內外兩層。外層開有橢圓花口，可以看到內層，內層中間一周雕六字真言。執柄現為一鐵棍，外部原包有木柄，轉動執柄，內層則隨之轉動。

圖 48　如意輪

73

圖 49　佛花

通高 20.5 公分，最寬 15.5 公分，
底徑 12.5 公分。
（故 185706/07）

佛花二件，形制相同。通體黃銅鍍金。正中為
一朵盛開的大蓮花，周圍綠葉、小花枝繁葉茂。
花莖插入蓮蓬形蓮座。

圖 49-1　佛花
圖 49-2　佛花

五室德行根本品供器

第七箱

長 76.5 公分，寬 18 公分，高 40 公分。

箱內裝金剛交杵、佛花、鐵杵、摩尼寶珠、線
法冠各一件。

圖 50　金剛交杵

長 22 公分，寬 22.5 公分。

（故 185695）

兩支五股金剛杵呈十字相聯。通體鍍金，嵌松
石、珊瑚。

圖 51　佛花

高 20.5 公分，底徑 11.5 公分。

（故 185697）

佛花通體黃銅鍍金。正中為一朵盛開的大蓮花，
周圍綠葉、小花枝繁葉茂，花莖插入蓮蓬形蓮
座。

圖 51　佛花

圖 50　金剛交杵

圖 52　鐵杵

<u>長 13.8 公分。</u>

（故 185699）

五股金剛杵為鐵製，通體氧化生鏽為棕黑色。正中手握處為圓球形。兩端杵頭形象一致，均為覆蓮座，中間立柱為方錐形杵頭，圍繞的四個杵頭雕成摩羯龍形。

圖 53　摩尼寶

<u>高 20.5 公分，底徑 11.5 公分。</u>

（故 185698）

摩尼寶通體黃銅鍍金。六顆摩尼寶珠組合一起，凸起形成魚狀，每顆寶珠頂端刻螺旋紋，舟形火焰紋背光，底部插入蓮蓬形蓮座。

圖 54　線法冠

<u>垂長 78 公分。</u>

（故 185722）

線法冠為黑絨縫製的圓帽。圓帽上部為葫蘆形帽頂，模仿佛髮髻造型，內部用棉花填充硬實。帽頂中腰裝飾銅鎦金圓蓮花箍，表面鑲嵌綠松石、珊瑚等各色寶石。帽頂端為銅鎏金寶珠。帽後部垂掛象徵佛髮的密實的黑色長絲線。

圖 53　摩尼寶

圖 52　鐵杵

圖 54　線法冠

77

六室功行根本品供器

第八箱

長 76.5 公分，寬 18 公分，高 40 公分。

箱內裝金剛杵、寶瓶、寶蓋、鐵劍、佛花各一件。

圖 55　金剛杵

長 15.3 公分。

（故 185709）

五股金剛杵黃銅鍍金。正中手握處為圓球形。兩端杵頭形象一致，均為覆蓮座，中間立柱為方錐形杵頭，圍繞的四個杵頭為摩羯龍頭形。

圖 56　寶瓶

通高 21 公分，底徑 11.5 公分。

（故 185710）

寶瓶黃銅鍍金。底部為仰覆蓮座，蓮座下襯以託盤，花瓣形盤邊，周邊飾以回紋。瓶兩側飾四條飄帶，飄帶底部為花葉形，中間飾有紅、藍、綠三色寶石。寶瓶口外沿雕八寶紋飾。瓶中插一銅鍍金花樹，花樹上鑲以綠色松石。

圖 57　寶蓋

長 46.5 公分，徑 10.5 公分。

（故 185708）

寶蓋通體黃銅鍍金。蓋頂為蓮花寶珠，蓋邊圍垂飾一圈繁密的瓔珞，下部飾翻卷的帛帶。寶蓋杆圓直，杆柄末端裝飾有金剛杵頭。

圖 58　鐵劍

長 71.7 公分，寬 7.5 公分。

（故 185712）

鐵劍尖刻火焰紋，劍格鐵質，劍莖、劍首鍍金，劍首為金剛杵形。

圖 59　佛花

通高 21 公分，底徑 11.8 公分。

（故 185711）

佛花通體黃銅鍍金。正中為一朵盛開的大蓮花，周圍綠葉、小花枝繁葉茂，花莖插入蓮蓬形蓮座。

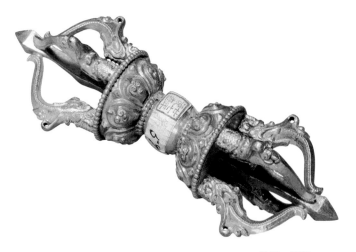

圖 55　金剛杵　　　　　　　　　　　　　　　　　圖 56　寶瓶

圖 57　寶蓋　　　　　　　圖 58　鐵劍　　　　　　　圖 59　佛花

三 佛衣

梵華樓曾經收藏了成堂的供器，放置十隻金花皮箱內，箱內還供奉六部佛經、佛衣。故宮博物院現保存瓔珞佛衣多件，也是六品佛樓供器箱內供物，佛衣原屬的六品佛樓已無從查考。

六品佛樓供奉的佛衣全部為喇嘛服飾，分兩種：

一、瓔珞佛衣、金五佛冠、線法冠，這是宮廷舉行藏傳佛教密宗法事時大喇嘛穿用的貴重服飾，本書收錄了白、藍、黃、紅、綠色瓔珞佛衣、黃片金斗篷各一件。

二、藏帽、斗篷、千佛衣、五衣、七衣、披衫、裙衣、坎肩，這是大喇嘛的日常服飾。

據清宮檔案《活計檔》記載，這些服飾的式樣，是按照朝廷賞賜達賴喇嘛佛衣樣子製作的。六品佛樓內供大喇嘛服飾的箱子，清宮檔案中亦稱之為「盛祖衣箱」，即祖師衣箱。以表尊奉法脈傳承之意，也體現藏傳佛教尊師重道的傳統。

白緞瓔珞佛衣

圖 60　白緞瓔珞佛衣

裙長 98 公分，腰寬 80 公分，下擺寬 108 公分；

袖長 59 公分，袖口 13 公分；

雲肩縱 120 公分，橫 94 公分。

（故 59569）

佛衣為白色素緞地繡圖案，表層綴飾白色象牙瓔珞。分為裙、袖、雲肩、飾物、素綾畫象皮五部分。

裙，呈梯形片狀，下幅為倭角。裙分兩層，底層為白色素緞，自下而上用五彩絲線繡海水江崖；左右裙裾對稱繡金色雙魚、寶蓋，五彩雲紋間飾紅蝠、法輪、海馬、如意、珊瑚等。裙腰平金繡相向金龍兩條。裙緣飾石青色織金緞邊，平兩色金線、紅色絲線繡邊。繡工以傳統平針、斜纏針、滾針、套針技法為主，運針精妙，針腳平齊。表層綴白色象牙珠網狀瓔珞，瓔珞間飾象牙雕蓮花、菊花圓板，腰部瓔珞間飾十五塊象牙雕板，雕佛像、菩薩像、獸頭。瓔珞下綴飾明黃絲穗及銅鍍金鐘。裙用白色緞帶繫於腰間。

袖，呈上寬下窄的套袖狀，白色素緞面上用五彩絲線繡祥雲、蓮花、紅蝠、金色雙魚及海水江崖。袖口緣飾石青色織金緞邊，平兩色金繡邊及紅色絲繡回紋，並綴飾象牙雕金剛杵和蓮花瓔珞。

　　雲肩，正四邊形，中間為圓領口，綴松石扣。雲肩白色素緞為地，四角為平兩色金繡如意雲頭，兩道平金邊中間繡紅色回紋，間飾輪、螺、傘、蓋、花、罐、魚、長等佛教八寶，花紋端莊大氣，繡工精緻細膩。表層綴飾象牙珠瓔珞，瓔珞間為十六塊象牙雕板，雕佛像、菩薩像、金剛杵、蓮花。穿著時，胸前一角垂飾平金繡如意雲頭及五彩繡釋迦牟尼佛像，相對一角在背後；另外相對兩角在左右兩肩，左右及後角綴明黃絲穗，前尾碼飾銅鍍金鐘。

飾物，圓象牙雕花板和象牙珠穿成的耳飾一對，綴飾明黃色絲穗；象牙雕花板和象牙珠穿成的護臂一對，綴白色緞帶；象牙雕四大天王像板和象牙珠穿成的飾帶一條，綴白色緞帶。象牙製作法衣飾物，其質柔韌細膩，其色潔白素雅，高浮雕作工細膩精緻。

素綾畫象皮，素白綾為裡、面。面上畫象形，象徵藏傳佛教諸神身後所披的象皮。

圖 60-1　白緞瓔珞佛衣──云肩

82

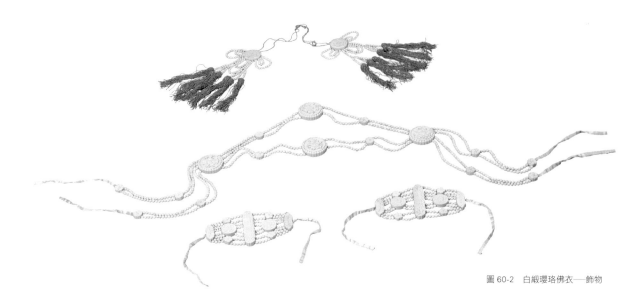

圖 60-2　白緞瓔珞佛衣──飾物

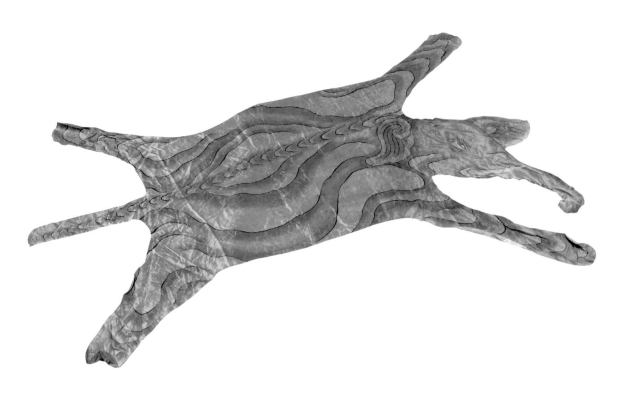

圖 60-3　白緞瓔珞佛衣──素綾畫象皮

圖 60-4　白緞瓔珞佛衣

| 藍緞瓔珞佛衣 |

圖 61　藍緞瓔珞佛衣

裙長 96 公分，腰寬 82 公分，下擺寬 105 公分；

袖長 58 公分，袖口 12.7 公分；

雲肩縱 124 公分，橫 93 公分。

（故 59535）

佛衣為藍色素緞地繡飾圖案，表層綴飾染骨雕瓔珞。分為裙、袖、雲肩、飾物、素綾畫虎皮和象皮五部分。

裙，呈梯形片狀，下幅為倭角。裙分兩層，底層為藍色素緞，自下而上用五彩絲線繡海水江崖；左右裙裾對稱繡金色雙魚、寶蓋，五彩雲紋間飾紅蝠、法輪、海馬、如意、珊瑚等。裙腰平金繡相向金龍兩條。裙緣飾石青色織金緞邊，平兩色金線、黃色絲線繡邊。繡工以傳統平針、斜纏針、滾針、套針技法為主，運針精妙，針腳平齊。表層綴黃色染骨雕珠網狀瓔珞，瓔珞間飾染骨雕蓮花、菊花圓板，腰部瓔珞間飾十五塊染骨雕板，雕佛像、菩薩像、獸頭。瓔珞下綴飾明黃絲穗及銅鍍金鐘。裙用藍色緞帶繫於腰間。

袖，呈上寬下窄的套袖狀，藍色素緞面上用五彩絲線繡祥雲、蓮花、紅蝠、金色雙魚及海水江崖。袖口緣飾石青色織金緞邊，平兩色金繡邊及黃色絲繡回紋，並綴飾染骨雕金剛杵和蓮花瓔珞。

雲肩，為正四邊形，中間為圓領口，綴松石扣。雲肩以藍色素緞為地，四角為平兩色金繡如意雲頭，兩道平金邊中間繡黃色回紋，間飾輪、螺、傘、蓋、花、罐、魚、長等佛教八寶，花紋端莊大氣，繡工精緻細膩。表層綴飾染骨珠瓔珞，瓔珞間為十六塊染骨雕板佛像、菩薩像、金剛杵、蓮花。穿著時，胸前一角垂飾平金繡如意雲頭及五彩繡釋迦牟尼佛像，相對一角在背後；另外相對兩角在左右兩肩，左右及後角綴明黃絲穗，前尾碼飾銅鍍金鐘。

飾物，染骨雕花板和染骨雕珠穿成的耳飾一對，綴飾明黃色絲穗；染骨雕花板和染骨雕珠穿成的護臂一對，綴藍色緞帶；染骨雕四大天王像板和染骨珠穿成的飾帶一條，綴藍色緞帶。

素綾畫虎皮和象皮，素白綾為裡、面。面上分別彩畫虎皮和象皮各一件，象徵藏傳佛教諸神身後所披的虎皮和象皮。

佛衣瓔珞用珠及雕花板為牛骨染色，從染色的狀況可見，原意是染為藍色，但最終褪色，現呈黃色，有部分呈微藍、微綠色。染珠顆粒圓潤均勻，花板雕刻細膩精緻。

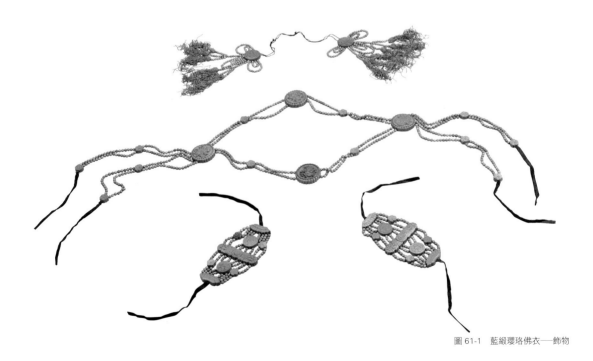

圖 61-1　藍緞瓔珞佛衣──飾物

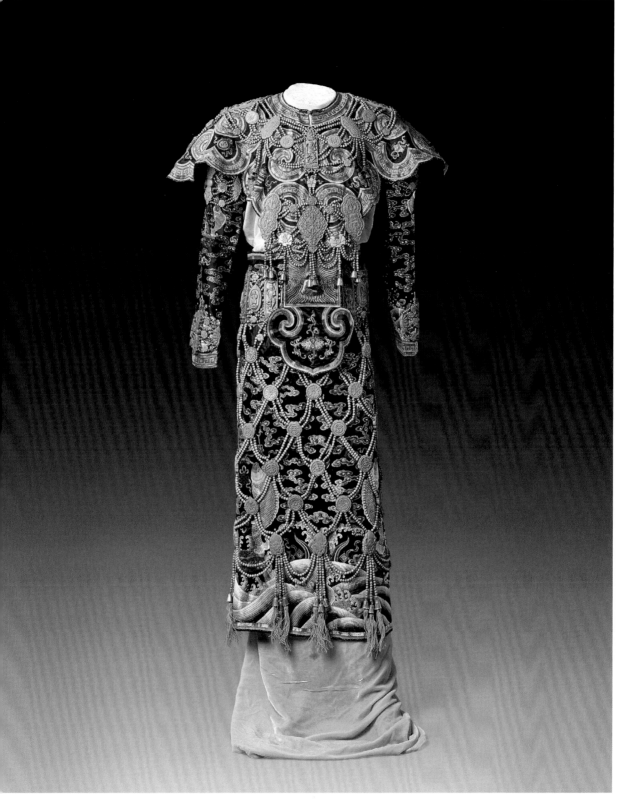

圖 61-2　藍緞瓔珞佛衣

圖 61-3　藍緞瓔珞佛衣──飾物

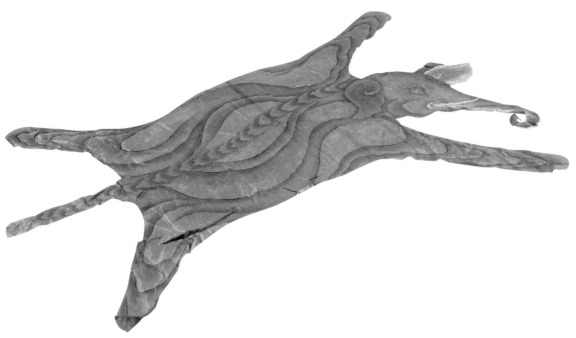

圖 61-4　藍緞瓔珞佛衣──素綾畫象皮

➲ 圖 61-5　藍緞瓔珞佛衣

| 黃緞瓔珞佛衣 |

圖 62　黃緞瓔珞佛衣

裙長 90 公分，腰寬 85 公分，下擺寬 100 公分；

袖長 58 公分，袖口 12 公分；雲肩縱 123 公分，橫 95 公分。

黑絨法冠通高 32 公分，帽口直徑 25 公分，

黑色絲穗長 48 公分。

（故 59405）

佛衣為明黃色素緞地繡飾圖案，表層綴飾白色硨磲瓔珞。由裙、袖、雲肩、飾物、五佛冠、黑絨法冠六部分組成。

裙，為上窄下廣的片狀，下幅為倭角。裙分兩層，以明黃色素緞為地，自下而上用五彩絲線繡海水江崖、蓮花座；左右對稱的金色雙魚、寶蓋，間飾紅蝠、法輪、海馬、如意、珊瑚等。裙腰平金相向金龍兩條。裙邊飾石青色織金緞邊，平兩色金線、藍、黃絲線繡邊。繡工精緻，針法平齊。上層為穿白色硨磲珠網狀瓔珞，腰部瓔珞間飾十五塊硨磲雕板，雕佛像、菩薩像、獸頭。瓔珞間飾硨磲雕蓮花、菊花圓板，瓔珞下飾明黃絲穗及銅鍍金鐘，裙腰帶為明黃色絲線編織，穿過裙內側的帶攀繫住裙子。

袖，為上寬下窄呈套袖狀，黃色緞面上用五彩絲線繡祥雲、蓮花、紅蝠、雙魚及海水江崖。袖口兩道平金線中間繡藍色回紋，緣鑲飾石青色織金緞邊，並分別綴飾白色硨磲雕鈴杵和蓮花、瓔珞。

雲肩，為正四邊形，中間為圓領口，領口前飾紅色珊瑚扣一枚。雲肩以明黃色素緞為地，四角平兩色金繡為如意雲頭，間飾五彩繡輪、螺、傘、蓋、花、罐、魚、長等佛教八寶。表層綴飾白色硨磲珠瓔珞，瓔珞間為十六塊硨磲雕板佛像、菩薩像、金剛杵、蓮花。穿著時，一角在前胸飾五彩繡釋迦牟尼佛像及如意雲頭，相對一角在背後；其他相對兩角在兩肩，左右及後角飾明黃絲穗，前尾碼飾銅鍍金鐘。

飾物，白色硨磲珠穿成的護耳一對，飾明黃色絲穗；白色硨磲珠穿成的護臂一對；白色硨磲雕四大天王像板和硨磲珠穿成的飾帶一條，其色潔白素雅，高浮雕作工細膩精緻，均以黃色緞帶繫於相應部位。骨質手鐲一隻，飾彩色絲穗。

五佛冠，是大喇嘛做法事時戴的冠飾。冠葉五片，金質鏨花。每葉上飾一尊彩繪五方佛並鑲有玻璃。葉之間用兩枚金剛杵相連。下飾五枚象牙骷髏。寶冠襯裡為大紅色織金緞。

黑絨法冠，鑲硨磲頂子，冠面採用華貴的黑色素絲絨，絨面織造細密挺拔，正面無帽檐，背面飾黑色長絲穗。

佛衣綴有黃紙條，墨書題記。正面：「繡黃緞綴硨磲瓔珞衣一件，隨銀鍍金鑲象牙骷髏頭五佛冠一頂，連玻璃片金共重二十三兩，髮金一件，竹珠頂鑲嵌金累絲頂托束腰。」背面：「四十四年十月二十五收，造辦處呈。」這是關於此件佛衣的重要文字資料。

此件佛衣所用硨磲珠為原色，顆粒圓潤均勻，雕刻細膩精緻，顯示出乾隆盛世精湛的雕刻工藝水準。

圖 62-1　黃緞瓔珞佛衣──五佛冠

圖 62-2　黃緞瓔珞佛衣──五佛冠

圖 62-3 黃緞瓔珞佛衣

圖 62-4 黃緞瓔珞佛衣

| 紅緞瓔珞佛衣 |

圖 63　紅緞瓔珞佛衣

裙長 96 公分，腰寬 80 公分，下擺寬 105 公分；

袖長 59 公分，袖口 11 公分；

雲肩縱 121 公分，橫 93 公分。

（故 59529）

佛衣為紅色素緞地繡飾圖案，表層綴飾紅色染象牙瓔珞。由裙、袖、雲肩、飾物等四部分組成。

裙，呈上窄下廣的片狀，下幅為倭角。用紅色緞帶繫於腰間。地為紅色素緞，自下而上用五彩絲線繡海水江崖、蓮花座；下幅左右對稱繡金色雙魚、寶蓋；五彩雲紋，間飾紅蝠、法輪、海馬、如意、珊瑚等。裙腰平金繡相向金龍兩條。裙邊飾石青色織金緞邊，平兩色金線、綠絲線繡邊。繡工承傳統刺繡工藝之精妙，運針嫻熟靈活，針腳工整平齊。表層綴紅色染牙珠網狀瓔珞，腰部瓔珞間飾十五塊染牙雕板，雕佛像、菩薩像、獸頭。瓔珞間飾蓮花、菊花雕花板，瓔珞下綴飾明黃絲穗及銅鍍金鐘。瓔珞下綴明黃絲穗。

袖，呈上寬下窄的套袖狀，紅色素緞為地，繡五彩祥雲、蓮花、紅蝠、雙魚及海水江崖。袖口緣飾石青色織金緞邊，平兩色金繡及綠色絲線繡回紋邊。綴飾紅色染牙雕鈴杵、蓮花、穿珠瓔珞。

雲肩，正四邊形，中間為圓領口，領口綴珊瑚扣一枚。雲肩以紅色素緞為地，四角為平兩色金繡如意雲頭，兩道平金邊飾中間繡綠色回紋，間飾輪、螺、傘、蓋、花、罐、魚、長等佛教八寶，花紋端莊大氣，繡工精緻細膩，具清乾隆時期刺繡工藝特點。表層綴飾紅色染牙珠瓔珞，瓔珞間為十六塊染牙雕板，雕佛像、菩薩像、金剛杵、蓮花。穿著時，胸前一角垂飾平金繡如意雲頭及五彩繡釋迦牟尼佛像，相對一角在背後；另外相對兩角在兩肩，左右及後角綴明黃絲穗，前尾碼飾銅鍍金鐘。

飾物，紅色染牙珠穿成的耳飾一對，飾雕花圓板，綴明色絲穗；紅色染牙珠穿成的護臂一對，飾雕花板，綴紅色緞帶；紅色染牙雕四大天王像板和染牙珠穿成的飾帶一條，綴以紅色緞帶繫於相應部位。

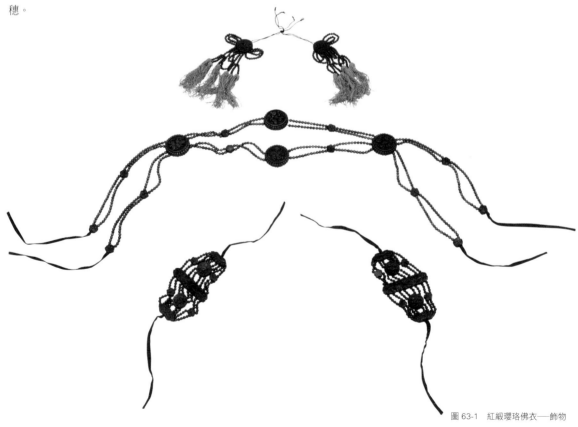

圖 63-1　紅緞瓔珞佛衣——飾物

圖 63-2　紅緞瓔珞佛衣──云肩

圖 63-3　紅緞瓔珞佛衣──裙

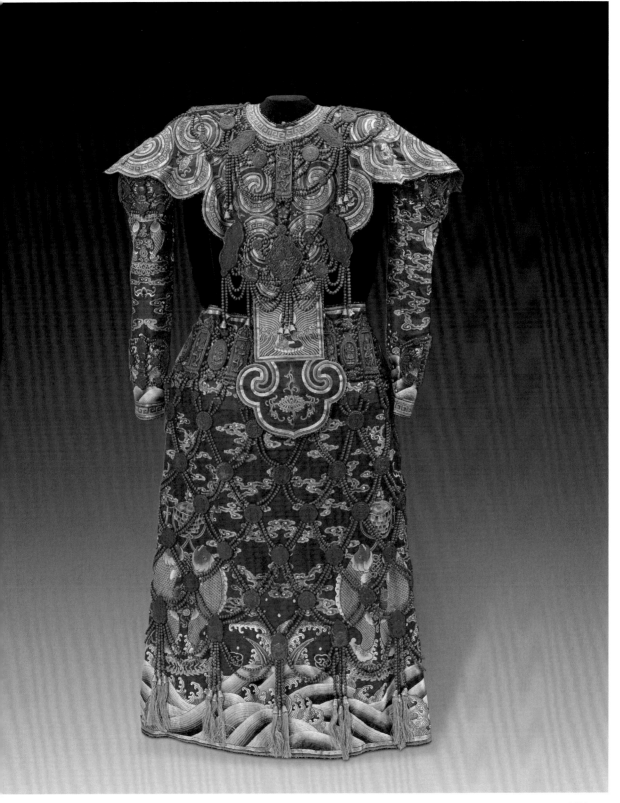

圖 63-4　紅緞瓔珞佛衣

圖 63-5　紅緞瓔珞佛衣──袖

圖 63-6　紅緞瓔珞佛衣──配飾

| 綠緞瓔珞佛衣 |

圖 64　綠緞瓔珞佛衣

裙長 95 公分，腰寬 79 公分，下擺寬 104 公分；

袖長 59 公分，袖口 13 公分；

雲肩縱 116 公分，橫 97 公分。

襯衣身長 144 公分，兩袖通長 210 公分，

袖口 14 公分，下擺寬 113 公分。

（故 59417）

佛衣為綠色素緞地繡飾圖案，表層綴飾綠色染牙瓔珞。分為襯衣、裙、袖、雲肩、飾物等五部分。

襯衣，為右衽、交領直身式夾袍，平袖端，綠色卷草紋暗花綾面，白色暗花綾裡，領口及繫帶為紅色素紡絲綢。襯衣應穿著在佛衣裡面。

裙，呈上窄下廣的片狀，下幅為倭角。用緞帶繫於腰間。以綠色素緞為地，自下而上用五彩絲線繡海水江崖、蓮花座；左右裙裾對稱繡金色雙魚、寶蓋、五彩雲紋，間飾紅蝠、法輪、海馬、如意、珊瑚等。裙腰平金繡相向金龍兩條。裙緣飾石青色織金緞邊，平兩色金線並繡雪青色邊。繡工以斜纏針、套針、平針、滾針等傳統針法為主，運針嫻熟精妙，針腳工整。表層綴綠色染牙珠網狀瓔珞，腰部

瓔珞間飾十五塊染牙雕板，雕佛像、菩薩像、獸頭。瓔珞間飾綠色染牙雕蓮花、菊花板，瓔珞下綴飾明黃絲穗及銅鍍金鐘。裙用綠色緞帶繫於腰間。

袖，呈上寬下窄的套袖狀，綠色素緞面地上用五彩絲紋繡祥雲、蓮花、紅蝠、金色雙魚及海水江崖。袖口緣飾石青色織金緞邊，平兩色金繡邊及雪青色回紋。並分別綴飾綠色染牙雕鈴杵和蓮花。

雲肩，為正四邊形，中間為圓領口，綴松石扣。分兩層，雲肩以綠色素緞為地，四角為平兩色金繡如意雲頭，兩道平金邊中間繡雪青色回紋，間飾輪、螺、傘、蓋、花、罐、魚、長等佛教八寶。雲肩邊飾石青色織金緞緣，花紋端莊大氣，繡工精緻細膩。表層綴飾綠色染牙珠瓔珞，瓔珞間為十六塊綠色染牙雕板，雕佛像、菩薩像、金剛杵、蓮花。穿著時，胸前一角垂飾平兩色金繡如意雲頭及五彩繡釋迦牟尼佛像，相對一角在背後；另外相對兩角在左右兩肩，左右及後角綴明黃絲穗，前尾碼飾銅鍍金鐘。

飾物，綠色染象牙雕花板和綠色染牙珠穿成的耳飾一對，綴飾明黃色絲穗；綠色染牙雕花板和象牙珠穿成的護臂一對，綴綠色緞帶；綠色染牙雕四大天王像板和染牙珠穿成的飾帶一條，綴綠色緞帶，繫於相對部位。

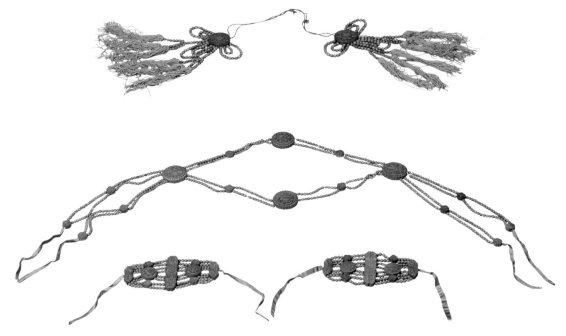

圖 64-1　綠緞瓔珞佛衣——飾物

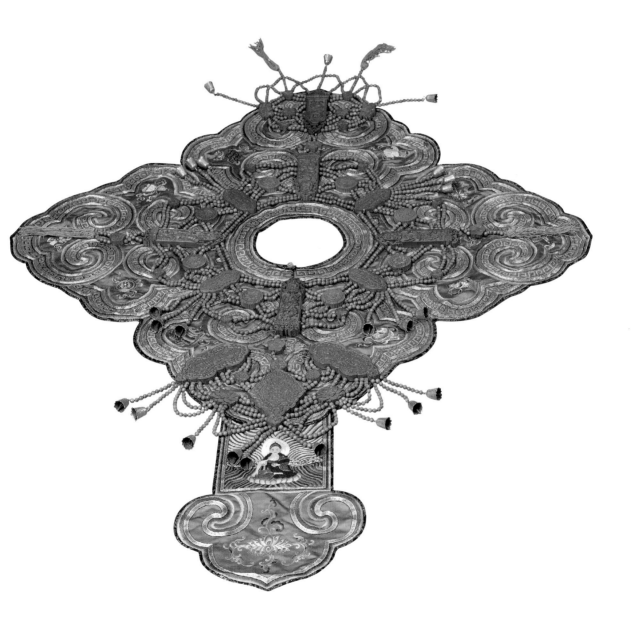

圖 64-2　綠緞瓔珞佛衣──云肩

圖 64-3　綠緞瓔珞佛衣──襯衣

圖 64-4　綠緞瓔珞佛衣

| 黃片金織緞綿斗篷 |

圖 65　黃片金織緞綿斗篷

身長 185 公分，圍長 314 公分。

F1SG：1（故 199990）

斗篷原存放在一室樓上佛格下部的供櫃內。斗篷開身，立領口，肩部一周做襞積。明黃色裡，架薄棉。其領、前襟、下擺為石青色四季花卉織金緞，壓紅色細條，緣黑色海龍皮邊。背部正中領下鑲飾石青色四季花卉織金緞一方，上繡六個金剛交杵圖案。

圖 65-1　黃片金織緞綿斗篷

圖 65-2　黃片金織緞綿斗篷

四 桌案陳設供器

梵華樓內佛前供案上陳設有各種豪華精美的佛前供器，以梵華樓為代表的六品佛樓供器，是現存清代宮廷佛堂供器中最完整的一堂。

梵華樓上下供有琺瑯五供燭台、花觚、香爐、各式各樣的琺瑯巴苓、金釉瓷五彩法輪、銅鎏金鑲嵌玉片的佛塔、六角香亭等多種供器。清宮廷佛堂供器形制，在完全遵照佛教儀軌基礎上，又增加了具有宮廷特色的美學設計，形制優美，材質豪華，工藝精湛，非民間寺院供器所能比肩。

梵華樓一至六室樓上正中是天井圍欄。北壁前設紫檀供案，案上放須彌長座，座上供九尊主尊佛。案前西、東兩壁內鑲嵌兩座紫檀木佛格，佛格上部是佛龕，分五層供奉六十一尊小佛像。佛格下部為供櫃，用來收藏供器和佛經，每扇櫃門中心都採用高浮雕技法雕刻精美的圖案。

| 明間供器 |

圖 66　明間樓上陳設供器

長 132 公分，寬 91 公分，高 94 公分。

F7SZ：1（故 200008）

明間樓上正中北壁前設金洋漆供桌一張，桌上
供有銀鍍金琺瑯五供五件，銅胎掐絲琺瑯巴苓
五件，金釉瓷五彩法輪二件。

金洋漆供桌一張，位於金洋漆宗喀巴坐像正前
方。木胎，通體髹金漆。桌形結體。面下一層
仰蓮紋，下為束腰。束腰上浮雕菱形開光，當
中雕卷草紋，正中嵌各色玻璃和綠松石；束腰
下飾覆蓮紋托腮，下為拱肩、膨牙。拱肩為獸
形拱肩，膨牙正中高浮雕獸面紋。三彎式腿，
足端為龍爪。

圖 66　明間樓上陳設供器

圖 67 琺瑯五供──燭台

燭台通高 40 公分，最大徑 15 公分；

木底座通高 3.5 公分，直徑 13 公分。

F7SG：9-10（故 199925 2/5-3/5）

燭台一對，為銀鍍金。覆鈴式底座，大小兩層
圓蠟盤。頂蠟盤略小，用於承托蠟燭，盤正中
豎立銅蠟針，並穿有銅胎掐絲琺瑯龍紋燭套。
底蠟盤大，邊沿較高，用於承接蠟液。兩盤之
間有細圓柱捉手。通體浮雕纏枝蓮紋，填燒紅、
黃、藍、綠、白五色琺瑯釉。燭台之下另配有
紫檀透雕拐子紋底座。燭台為分段鑄造，正中
由一根銅鐵串接連成。

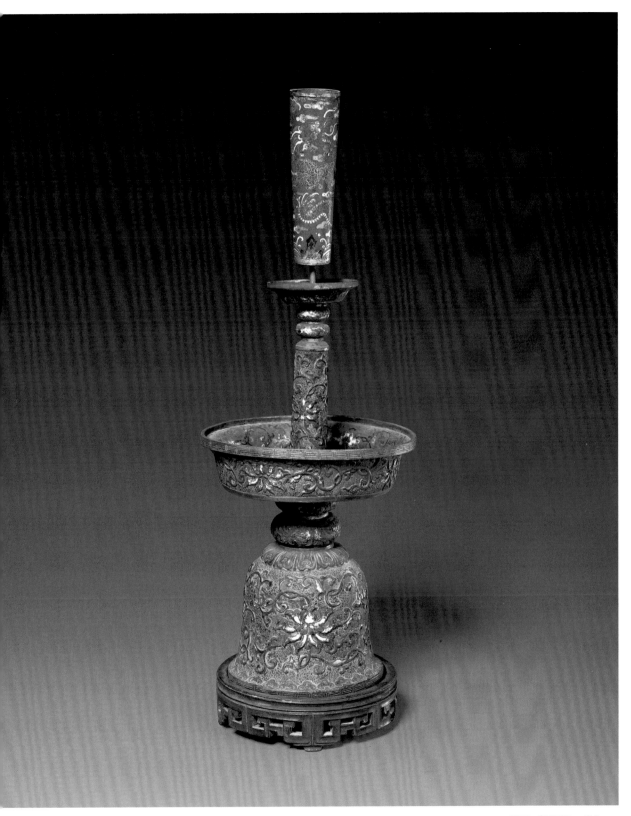

圖 67　琺瑯五供──燭台

111

圖 68　琺瑯五供──花觚

花觚通高 50 公分，最大徑 10 公分；

木底座通高 3.5 公分，直徑 12.5 公分。

F7SG：11-12（故 199925 4/5-5/5）

花觚一對，為銀鍍金。長束頸，頸下長圓形鼓腹，腹肩、腹下各飾蓮瓣紋一周。喇叭形底足。通體浮雕纏枝蓮紋，填燒紅、黃、藍、綠、白五色釉。花觚口部扣有鏨花銀蓋，蓋中有孔，插銅胎掐絲琺瑯靈芝花。頸兩側飾雲頭形雙耳，串鍍金環。花觚下另配有紫檀木圓底座。

圖 69　琺瑯五供──香爐

香爐通高 30 公分，兩耳最寬 18.5 公分；

木底座通高 5 公分，最大徑 17 公分。

F7SG：8（故 199925 1/5）

香爐一件，銀鍍金。平沿，束頸，圓鼓腹，圜底，三蹄足，雙附耳高展。通體浮雕纏枝蓮紋，填燒藍、綠色琺瑯釉。爐耳刻回紋及纏枝蓮紋、勾連雷紋。在爐耳與口部有蓮花、寶珠形裝飾，起連接支撐作用。在爐下配有紫檀雕靈芝形底座。此爐為分段鑄造，焊接而成，表面因氧化而成黑色。該爐與燭台、花觚合為一套五供。

圖 68　琺瑯五供──花觚

112

圖 69　琺瑯五供──香爐

圖 70　琺瑯巴苓

通高 38 公分，最大徑 14.3 公分。

F7SG：3（故 200001）

巴苓為銅胎掐絲琺瑯工藝製作。寶瓶形，窄口短頸，斜肩垂腹，近足略外展，通體飾白釉掐絲琺瑯勾蓮紋。寶瓶口套琺瑯釉纏枝蓮紋菱形寶頂，上面繪飾寶相花、桃形果供等紋飾。瓶身前後貼五色琺瑯釉飾片，上繪飾有花供養、財寶供養、顱器供養、寶瓶供養等圖案。巴苓底部承托掐絲琺瑯四足銅圓盤，盤壁上飾枝蔓、花卉紋飾。盤底有鍍金方形章款，上刻四字楷書「乾隆年製」。

圖 71　琺瑯巴苓

通高 38 公分，最大徑 14.3 公分。

F7SG：4（故 200002）

巴苓銅胎掐絲琺瑯工藝製作。寶瓶形，窄口短頸，斜肩垂腹，近足略外展，通體飾白釉掐絲琺瑯勾蓮紋。寶瓶口套琺瑯釉纏枝蓮紋菱形寶頂，上面繪飾寶相花、蓮花供養等紋飾。瓶身前後貼五色琺瑯釉飾片，上繪飾有海螺、盤長、寶傘、法輪四吉祥圖案。巴苓底部承托掐絲琺瑯四足銅圓盤，盤壁上飾枝蔓、花卉紋飾。盤底有鍍金方形章款，上刻四字楷書「乾隆年製」。

圖 72　琺瑯巴苓

通高 38 公分，最大徑 14.3 公分。

F7SG：5（故 200003）

巴苓銅胎掐絲琺瑯工藝製作。寶瓶形，窄口短頸，斜肩垂腹，近足略外展，通體飾白釉掐絲琺瑯勾蓮紋。寶瓶口套琺瑯釉纏枝蓮紋菱形寶頂，上面繪飾寶相花、紅蓮花紋飾。瓶身前後貼五色琺瑯釉飾片，上繪飾有香爐、花觚、海螺等圖案。香爐中香煙繚繞，海螺中浪花四濺。巴苓底部承托掐絲琺瑯四足銅圓盤，盤壁上飾枝蔓、花卉紋飾。盤底有鍍金方形章款，上刻四字楷書「乾隆年製」。

圖 73　琺瑯巴苓

通高 38 公分，最大徑 14.3 公分。

F7SG：6（故 200004）

巴苓銅胎掐絲琺瑯工藝製作。寶瓶形，窄口短頸，斜肩垂腹，近足略外展，通體飾白釉掐絲琺瑯勾蓮紋。寶瓶口套琺瑯釉纏枝蓮紋菱形寶頂，上面繪飾寶相花、琵琶紋飾。瓶身前後貼五色琺瑯釉飾片，上繪飾有紅蓮托寶蓋、雙魚、

奔巴壺、蓮花等圖案。巴苓底部承托掐絲琺瑯四足銅圓盤，盤壁上飾枝蔓、花卉紋飾。盤底有鍍金方形章款，上刻四字楷書「乾隆年製」。

圖 74　琺瑯巴苓

通高 38 公分，最大徑 14.3 公分。

F7SG：7（故 200005）

巴苓銅胎掐絲琺瑯工藝製作。寶瓶形，窄口短頸，斜肩垂腹，近足略外展，通體飾白釉掐絲琺瑯勾蓮紋。寶瓶口套琺瑯釉纏枝蓮紋菱形寶頂，上面繪飾寶相花、紅蓮花、紫色雲團紋飾。瓶身前後貼五色琺瑯釉飾片，上繪飾有蓮花托孔雀羽、海螺、桃形果供、寶罐等圖案。巴苓底部承托掐絲琺瑯四足銅圓盤，盤壁上飾枝蔓、花卉紋飾。盤底有鍍金方形章款，上刻四字楷書「乾隆年製」。

圖 70　琺瑯巴苓

圖 71　琺瑯巴苓

圖 73　琺瑯巴苓

圖 72　琺瑯巴苓

圖 74　琺瑯巴苓

圖 75　金釉瓷五彩法輪

通高 28.5 公分，輪徑 11 公分，

底徑 11.1 公分。

F7SG：1-2（故 200006-7）

法輪為一對。瓷質，通體飾金釉，仿金質法輪。
圓片狀，兩面相同。輪面飾以紅、藍、綠相間
的寶石釉色，仿金法輪鑲嵌珊瑚、松石、青金
石，色彩鮮明，寶石質感逼真。輪轂造型為寶
相花，八條鏤空菱形輪輻連接輪輞，以此代表
佛教之八正道。輪外為一圈桃形寬邊，上刻雲
紋，外圈連珠線。喇叭形圓底座上雕細長覆蓮
瓣，飾連珠紋、卷雲紋。在圓形座面上雕法輪
底托，底托面浮雕盛開的蓮花卷草紋飾。足底
篆書六字方形章款「大清乾隆年製」。

圖 75-1　金釉瓷五彩法輪

圖 75-2　金釉瓷五彩法輪

圖 75-3　金釉瓷五彩法輪

圖76 明間樓下陳設供器

明間樓下緊靠北壁為漢白玉石須彌座一座，上
供有銅鑲玉六角香亭二件、嵌玉銅塔二件。漢
白玉石須彌座前設架几案和供桌各一張，桌案
上設銅胎掐絲琺瑯五供五件、銅三式三件、銅
香爐一件、錫香爐四件、錫蠟阡四件、錫盤二
件，桌前設錫香池一件。

圖76 明間樓下陳設供器

圖 77 六角香亭

通高 72 公分，最寬 31.5 公分。

F7XG：1-2（故 199963-4）

香亭為一對，仿重簷六角亭式樣，其六角重簷、立柱等均
為銅鍍金。香亭頂部重簷脊上飾行龍，下懸銅鈴。香亭立
柱有內外雙層，內層立柱鑲嵌鏤空雕花玉片，外層立柱上
盤繞鍍金蟠龍。香亭下設大小兩層紫檀木座，二者形制相
近，均為仰覆蓮束腰六角須彌座，座上設有鏤空雕花玉石
護欄。

圖 77　六角香亭

120

圖78　銅塔

通高 77 公分，最寬 24 公分。

F7XG：3-4（故 200010-11）

塔為一對，銅製。整體呈六邊形，塔頂設有圓形天盤，天
盤上面的小蓮座上，立有青金石葫蘆托日、月、寶珠頂。
天盤外沿鏨花、嵌珍珠、垂串珠流蘇。天盤下有六邊形
十三層相輪，相輪嵌白玉，底層相輪外設有銅雕花護欄一
周。塔瓶呈六面體，以銅作框架，自肩部上收下斂，且鍍
金鏨花。塔身銅框架鑲嵌白玉板，玉上飾金漆篆書壽字紋。
在塔瓶肩部至天盤底部，有六道串珊瑚珠拉鍊。塔瓶正面
設有門，門外框飾火焰紋，嵌珊瑚珠、珍珠各一周，門正
中鑲玻璃。塔瓶下為三層基座，飾有蓮瓣紋等紋飾。基
座正對門處有銅鍍金階梯。塔基下為六邊形須彌座，仰覆
蓮瓣嵌松石，座面外沿有銅獅形望柱及透雕白玉片護欄一
周。此塔為天降塔。據《陳設檔》記錄：塔內原供有硝石
無量壽佛一尊。現已不存。

圖 78　銅塔

圖 79　琺瑯五供──香爐

通高 20.6 公分，口徑 11.3 公分；

底座高 2.5 公分，最大徑 12.5 公分。

F7XG：5（故 199951 1/5）

香爐一件，為銅胎掐絲琺瑯工藝製作。外形為
短頸略束，深腹微垂。腹外中部飾一圈寬頻，
將爐頸、腹上下分開，寬頻上飾有一周紅色圓
點紋。爐頸部以紅、黃、藍、綠、白五色釉左
右對稱飾魚形紋、勾連雷紋、雲紋。腹部以五
色釉依左右對稱方式繪飾有勾連雷紋、雲紋等
紋飾。鍍金爐雙耳及三足均為象頭形。附銅鍍
金內膽，內膽平口直邊，口沿外翻。在口沿外
側以紅、黃色釉飾一周蓮瓣紋。爐外底有楷書
「乾隆年製」四字方形章款。在爐下承托有紫
檀木底座，木座圓形，放爐三足處刻凹槽，利
於爐身穩固。

圖 80　琺瑯五供──鶴形蠟阡

蠟阡通高 31 公分，最大徑 12.6 公分；

底座高 3.2 公分，直徑 12.5 公分。

F7XG：6-7（故 199951 4/5-5/5）

蠟阡為一對，為銅胎掐絲琺瑯工藝製作。圓形
底盤，平口直邊，以如意式雲紋作三足，口沿、
足鍍金。底盤內側飾枝蔓、海水紋，外側以黃、
紅、藍三色釉飾蓮瓣紋。盤底有楷書「乾隆年
製」四字方形章款。在盤內伏一神龜，龜背凸
起，上站立仙鶴，兩腿直立曲頸，翅膀張開，
頸帶紅色釉項圈，羽毛以白、藍釉相間之菱形
圖案表現。在曲頸處頂一立桿，立桿上為圓燭
盤，盤上托木胎金漆雕龍紋燭筒，燭頂飾一木
雕鬃紅漆火焰。最下為圓形紫檀木底座。

圖 81　琺瑯五供──獅馱花觚

通高 54 公分，長 23 公分，寬 9.5 公分；

底座高 3 公分，長 16 公分，寬 9.5 公分。

F7XG：8-9（故 199951 2/5-3/5）

花觚為一對，為銅胎掐絲琺瑯工藝製作。底部
為獅形座，該獅造型短而粗壯，四足朝前，獅
頭左向，短頸，眉目染色，髮鬃鍍金。在獅頸
下有楷書「乾隆年製」四字長方形章款。獅身
通體藍色釉，掐絲鬃毛旋卷，均勻整齊。獅尾
綠鬃，高高蹺起，與背平行。在獅背上披紅、
黃釉彩搭，上飾以綠釉卷草、白色圈紋等紋飾，
垂穗鍍金。花觚安置於獅背彩搭上。花觚為四
稜高束頸，圓形寶瓶狀。其口沿為四瓣口，平
口直邊，口沿外翻且鍍金，口外側還飾有鍍金
蓮瓣紋飾。花觚頸根與足部飾鍍金三弦紋及蓮
瓣紋。花觚通體以五色釉飾纏枝蓮紋、雲紋等
紋飾，在花觚內插鐵質彩漆靈芝花。在獅座下
還配有長圓形紫檀木座，座平面，束腰，飾如
意雲紋足。面上刻四獅足跡，便於整體穩定。

圖 79-1　琺瑯五供──香爐

圖 79-2　琺瑯五供——香爐

123

圖 80　琺瑯五供——鶴形蠟阡

圖 81　琺瑯五供——獅馱花觚

圖82　銅三式──爐

高 7.8 公分，最大徑 12.1 公分。

F7XG：10（故 199985 1/3）

爐為黃銅製造。直口平唇，口略外侈，短束頸，淺圓腹，三尖足。爐口兩側鑄橋形雙立耳。內盛香灰。

圖83　銅三式──瓶

高 14 公分，最大徑 5.5 公分。

F7XG：11（故 199985 2/3）

瓶為黃銅製造。長直頸，口微外侈，圓直腹，圓足平底，足與腹內連通。頸、腹上飾數道弦紋。瓶內盛銅箸一雙、匙一柄。

圖 82　銅三式──爐　　　　　圖 83　銅三式──瓶

圖84 銅三式──盒

高 6.5 公分，足徑 11 公分。

F7XG：12（故 199985 3/3）

盒為黃銅製造。扁圓形，淺腹下斂，直圈足，
弧形蓋。通體飾多道弦紋。

圖85 銅香爐

高 17 公分，最大徑 13 公分。

F7XG：13（故 200027）

爐為黃銅製造。直口方唇，淺圓腹，三尖足。
雙橋形立耳。內盛香灰。

圖 84　銅三式──盒

圖 85　銅香爐

圖 86　錫盤

通高 3.3 公分，直徑 38.5 公分。

F7XG：22-23（故 200035，故 199989）

盤為一對，錫製。呈圓形，盤壁外侈，且平滑
規整，淺腹，大平底。略有變形。盤外底鏨印
「德順義造」款。

圖 87　錫香池

通高 30 公分，長 126 公分，寬 16 公分。

F7XG：24（故 199984）

香池一件。整體呈長方形，平口直邊，口沿外
折。香池內設置有鐵箅，承托燃香。香池蓋呈
半圓形（拱形），尺寸長於香池。在蓋上鑄有
三個錢形鏤孔，便於散煙。蓋頂兩側飾猴形鈕
各一個。香池底部為六蹄足，蹄足有變形。

圖 86　錫盤

圖 87　錫香池

圖 88 錫香爐

通高 23 公分，口徑 13 公分。

F7XG：14-17（故 200032-200033、199987-199988）

香爐為錫製，共四件。圓口折唇，長束頸，頸
飾寬頻紋，圓鼓腹，腹下收，平底，三蹄足。
雙腹耳外侈，頂端水準。在雙腹耳與口部另有
兩個小圓柱，起連接加固作用。爐內盛香灰。
此爐製作工藝為分段鑄造，焊接而成。爐外底
鏨印「德順義造」和「煙袋斜街路北」款。

圖 88　錫香爐

130

圖 89　錫蠟阡

通高 46 公分，最大徑 11 公分。

F7XG：18-21

（故 199986 1/2-2/2）

（故 200034 1/2-2/2）

蠟阡為一對，錫製，共四件。喇叭口形底座，
座上有大小兩層圓盤：頂盤略小，飾為蓮瓣形，
用於承托蠟燭，盤正中豎立鐵蠟針；底盤較大，
盤腹較深，用於承接蠟液。雙盤之間有捉手。
通體飾弦紋多道。

圖 89　錫蠟阡

| 一至六室樓下供器 |

一室般若品樓下陳設供器

供器十七件，置於北、西、東三側供桌上。其中八供養八件、人字巴苓四件、圓塔式巴苓四件、豐瓶式巴苓一件。

圖90　供桌

長316.5公分，寬36公分，高98公分。

F1XZ：1、F1XZ：3

長335公分，寬39公分，高98公分。

F1XZ：2、F1XZ：1-3

（故200026）

供桌三張，位於北、西、東三壁的畫像下方，根據室內面積製作。紫檀木質，長條案形，冰盤沿下長牙條，牙頭鏤雕卷草紋，直腿，兩側出雲紋翅，外側腿面飾混面雙邊線，腿間裝雙根，回紋雙翻馬蹄。其中，西、東兩側供桌的北端及北側供桌的兩端均以斜拼角方式使得三張供桌連為一體。

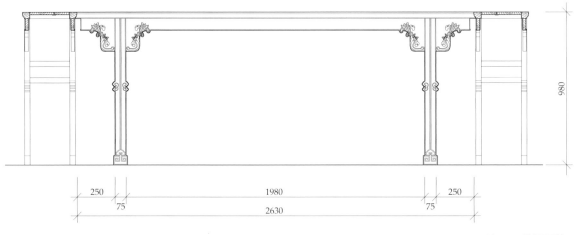

圖 90-1　供桌正面圖

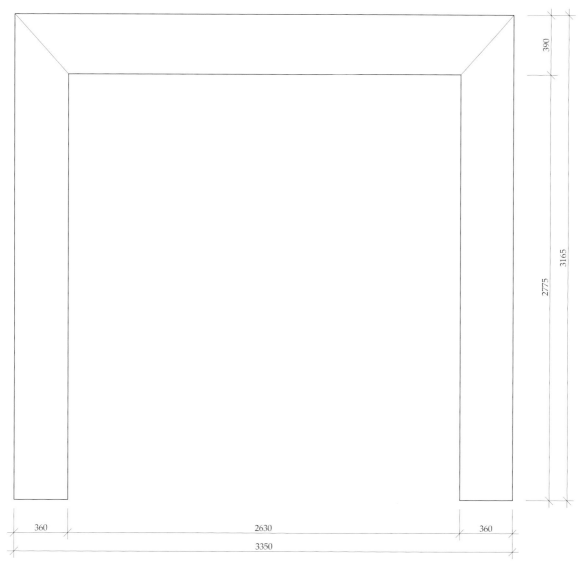

390

3165

2775

360

2630

360

3350

圖 90-2　供桌平面圖

圖 91　蓮花八供養

通高 42.5 公分，底徑 18 公分。

F1XG：1（故 200036 1/17）

供養為銀胎畫琺瑯質地。底部三層覆蓮圓底座，
座上為葫蘆式藍釉寶瓶，寶瓶兩側附藍釉纏枝
裝飾，寶瓶上承托仰蓮白釉蓮台，蓮台上安置
屏龕，龕中心鑲玻璃門，門周邊浮雕捲雲、連
珠、枝蔓紋飾，填藍色淺綠色釉，屏龕前後二
面一樣。門內供紙地彩繪供養菩薩立像。藍色
背景，菩薩白膚色，正面直立，頭戴五葉冠，
頸戴數珠，髮髻高挽，赤裸上身，下著綠裙，
垂紫紅色飄帶，赤雙足，左手持蓮花，右手置
於腹部。

圖 92　海螺八供養

通高 42.5 公分，底徑 18 公分。

F1XG：2（故 200036 5/17）

供養為銀胎畫琺瑯質地。底部三層覆蓮圓底座，
座上為葫蘆式藍釉寶瓶，寶瓶兩側附藍釉纏枝
裝飾，寶瓶上承托仰蓮白釉蓮台，蓮台上安置
屏龕，龕中心鑲玻璃門，門周邊浮雕捲雲、連
珠、枝蔓紋飾，填藍色淺綠色釉，屏龕前後二
面一樣。門內供紙地彩繪供養菩薩立像。藍色
背景，菩薩白膚色，正面直立，頭戴五葉冠，
頸戴數珠，髮髻高挽，赤裸上身，下著紫裙，
垂紅色飄帶，赤雙足，左手持海螺，螺內浪花
四濺，右手置於腹部。

圖 91　蓮花八供養

圖 92　海螺八供養

圖93 香水八供養

<u>通高 42.5 公分，底徑 18 公分。</u>

<u>F1XG：3（故 200036 7/17）</u>

供養為銀胎畫琺瑯質地。底部三層覆蓮圓底座，座上為葫蘆式藍釉寶瓶，寶瓶兩側附藍釉纏枝裝飾，寶瓶上承托仰蓮白釉蓮台，蓮台上安置屏龕，龕中心鑲玻璃門，門周邊浮雕捲雲、連珠、枝蔓紋飾，填藍色淺綠色釉，屏龕前後二面一樣。門內供紙地彩繪供養菩薩立像。藍色背景，菩薩白膚色，正面直立，頭戴五葉冠，頸戴數珠，髮髻高挽，赤裸上身，身上纏繞紅、藍間色飄帶飛舞，下著綠地金花裙，垂紅色飄帶，赤雙足，雙手持香水瓶於胸前。

圖94 燈八供養

<u>通高 42.5 公分，底徑 18 公分。</u>

<u>F1XG：4（故 200036 11/17）</u>

供養為銀胎畫琺瑯質地。底部三層覆蓮圓底座，座上為葫蘆式藍釉寶瓶，寶瓶兩側附藍釉纏枝裝飾，寶瓶上承托仰蓮白釉蓮台，蓮台上安置屏龕，龕中心鑲玻璃門，門周邊浮雕捲雲、連珠、枝蔓紋飾，填藍色淺綠色釉，屏龕前後二面一樣。門內供紙地彩繪供養菩薩立像。藍色背景，菩薩白膚色，正面直立，頭戴五葉冠，頸戴數珠，髮髻高挽，赤裸上身，下著黃色裙，垂藍色飄帶，赤雙足，左手持燭台，右手置於腹部。

圖 93　香水八供養

圖94 燈八供養

137

圖95　水八供養

通高 42.5 公分，底徑 18 公分。

F1XG：2（故 200036 13/17）

供養為銀胎畫琺瑯質地。底部三層覆蓮圓底座，座上為葫蘆式藍釉寶瓶，寶瓶兩側附藍釉纏枝裝飾，寶瓶上承托仰蓮白釉蓮台，蓮台上安置屏龕，龕中心鑲玻璃門，門周邊浮雕捲雲、連珠、枝蔓紋飾，填藍色淺綠色釉，屏龕前後二面一樣。門內供紙地彩繪供養菩薩立像。藍色背景，菩薩白膚色，正面直立，頭戴五葉冠，頸戴數珠，髮髻高挽，赤裸上身，下著粉紅色裙，垂紅色飄帶，赤雙足，左手持水碗，碗內浪花四濺，右手置於腹部。

圖96　音樂八供養

通高 42.5 公分，底徑 18 公分。

F1XG：6（故 200036 14/17）

供養為銀胎畫琺瑯質地。底部三層覆蓮圓底座，座上為葫蘆式藍釉寶瓶，寶瓶兩側附藍釉纏枝裝飾，寶瓶上承托仰蓮白釉蓮台，蓮台上安置屏龕，龕中心鑲玻璃門，門周邊浮雕捲雲、連珠、枝蔓紋飾，填藍色淺綠色釉，屏龕前後二面一樣。門內供紙地彩繪供養菩薩立像。藍色背景，菩薩白膚色，正面直立，頭戴五葉冠，頸戴數珠，髮髻高挽，赤裸上身，下著淺紫色裙，垂藍色飄帶，赤雙足，雙手持鈸於胸前。

圖 95　水八供養

圖 96　音樂八供養

139

圖 97　水八供養

通高 42.5 公分，底徑 18 公分。

F1XG：7（故 200036 16/17）

供養為銀胎畫琺瑯質地。底部三層覆蓮圓底座，
座上為葫蘆式藍釉寶瓶，寶瓶兩側附藍釉纏枝
裝飾，寶瓶上承托仰蓮白釉蓮台，蓮台上安置
屏龕，龕中心鑲玻璃門，門周邊浮雕捲雲、連
珠、枝蔓紋飾，填藍色淺綠色釉，屏龕前後二
面一樣。門內供紙地彩繪供養菩薩立像。藍色
背景，菩薩白膚色，正面直立，頭戴五葉冠，
頸戴數珠，髮髻高挽，赤裸上身，下著淺紫色
裙，垂紅色飄帶，赤雙足，左手持水碗，碗內
浪花四濺，右手置於腹部。

圖 98　熏香八供養

通高 42.5 公分，底徑 18 公分。

F1XG：8（故 200036 17/17）

供養為銀胎畫琺瑯質地。底部三層覆蓮圓底座，
座上為葫蘆式藍釉寶瓶，寶瓶兩側附藍釉纏枝
裝飾，寶瓶上承托仰蓮白釉蓮台，蓮台上安置
屏龕，龕中心鑲玻璃門，門周邊浮雕捲雲、連
珠、枝蔓紋飾，填藍色淺綠色釉，屏龕前後二
面一樣。門內供紙地彩繪供養菩薩立像。藍色
背景，菩薩白膚色，正面直立，頭戴五葉冠，
頸戴數珠，髮髻高挽，赤裸上身，下著淺藍色
裙，垂紅色飄帶，赤雙足，雙手托雙耳香爐於
胸前。

圖 97　水八供養

圖 98　薰香八供養

141

圖 99　人字巴苓

通高 41 公分，盤口徑 26 公分，盤底徑 20 公分。

F1XG：9（故 200036 2/17）

巴苓為銅質圓形底盤，盤內托銀胎琺瑯供器，
形狀為銳角三角形，共分三層，上下相疊。其
上層裝飾有彩色枝蔓紋飾；中層裝飾為彩色火
焰紋飾；最下層則為錐體狀，起支撐固定作用。
滿燒紫紅釉色，上嵌飾二十八粒呈人字形對稱
排列的白色骷髏頭。供器前部立有銀質燒藍花
枝，為藍、綠釉色相間的枝葉，花枝上飾紫紅
色蓮花。

圖 99-1　人字巴苓正面
圖 99-2　人字巴苓背面

圖 100　人字巴苓

通高 41 公分，盤口徑 26 公分，盤底徑 20 公分。

F1XG：10（故 200036 4/17）

巴苓為銅質圓形底盤，盤內托銀胎琺瑯供器，
形狀為銳角三角形，共分三層，上下相疊。其
上層裝飾有白色火焰紋飾；中層裝飾為白色枝
蔓紋飾；最下層則為錐體狀，起支撐固定作用。
滿燒紫紅釉色，上嵌飾二十八粒呈人字形對稱
排列的白色骷髏頭。供器前部立有銀質白釉花
枝，上飾白色蓮花。

圖 100-1　人字巴苓正面

圖 100-2　人字巴苓背面

圖 101　人字巴苓

通高 41 公分，盤口徑 26 公分，盤底徑 20 公分。

F1XG：11（故 200036 8/17）

巴苓為銅質圓形底盤，盤內托銀胎琺瑯供器，形狀為銳角三角形，共分三層，上下相疊。其上層裝飾有彩色枝蔓紋飾；中層裝飾為彩色火焰紋飾；最下層則為錐體狀，起支撐固定作用。滿燒紫紅釉色，上嵌飾二十八粒呈人字形對稱排列的白色骷髏頭。供器前立有銀質琺瑯花枝，為藍、綠釉色相間枝葉，上飾黃色蓮花和嘎巴拉鼓。

圖 101-1　人字巴苓正面

圖 101-2　人字巴苓背面

圖 102 人字巴苓

通高 41 公分，盤口徑 26 公分，盤底徑 20 公分。

F1XG：12（故 200036 10/17）

巴苓為銅質圓形底盤，盤內托銀胎琺瑯供器，形狀為銳角三角形，共分三層，上下相疊。其上層裝飾有彩色枝蔓紋飾；中層裝飾為彩色火焰紋飾；最下層則為錐體狀，起支撐固定作用。滿燒紫紅釉色，上嵌飾二十八粒呈人字形對稱排列的白色骷髏頭。供器前立有銀質燒藍花枝，為藍、綠釉色相間枝葉，上飾藍色蓮花和金剛鉞刀。

圖 102-1 人字巴苓正面

圖 102-2 人字巴苓背面

145

圖 103　圓塔式巴苓

通高 43 公分，盤口徑 26 公分，盤底徑 20 公分。

F1XG：13（故 200036 3/17）

巴苓為圓形光素銅底盤，上為銅胎白釉方台底座，方台座下是圓形高足，足下近底外展。檯面上設置覆缽式白釉塔瓶，與底座通體相連。在塔瓶頂安置四層仰覆蓮瓣蓮台，蓮台上供設以佛塔為中心，周圍裝飾枝蔓紋、火焰紋、串珠紋的桃形寶頂。寶頂前後紋飾相同。在塔瓶前飾藍、綠釉色相間花枝，中間裝飾一朵盛開的黃色蓮花。

圖 104　圓塔式巴苓

通高 43 公分，盤口徑 26 公分，盤底徑 20 公分。

F1XG：14（故 200036 6/17）

巴苓為圓形光素銅底盤，上為銅胎白釉方台底座，方台座下是圓形高足，足下近底外展。在檯面上設置覆缽式白釉塔瓶，與底座通體相連。在塔瓶頂安置四層仰覆蓮瓣蓮台，蓮台上供設以火焰寶劍為中心，周圍裝飾枝蔓紋、火焰紋、串珠紋的桃形寶頂。寶頂前後紋飾相同。在塔瓶前飾藍、綠釉色相間花枝，中間裝飾一朵盛開的藍色蓮花。

圖 103　圓塔式巴苓

圖 104　圓塔式巴苓

147

圖 105　圓塔式巴苓

通高 43 公分，盤口徑 26 公分，盤底徑 20 公分。

F1XG：15（故 200036 12/17）

巴苓為圓形光素銅底盤，上為銅胎白釉方台底座，方台座下是圓形高足，足下近底外展。在檯面上設置覆缽式白釉塔瓶，與底座通體相連。在塔瓶頂安置四層仰覆蓮瓣蓮台，蓮台上供設以寶傘為中心，周圍裝飾枝蔓紋、火焰紋、串珠紋的桃形寶頂。寶頂前後紋飾相同。在塔瓶前立飾藍、綠釉色相間花枝，中間裝飾一朵盛開的紫紅色蓮花。

圖 106　圓塔式巴苓

通高 43 公分，盤口徑 26 公分，盤底徑 20 公分。

F1XG：16（故 200036 15/17）

巴苓為圓形光素銅底盤，上為銅胎白釉方台底座，方台座下是圓形高足，足下近底外展。檯面上設置覆缽式白釉塔瓶，與底座通體相連。在塔瓶頂安置四層仰覆蓮瓣蓮台，蓮台上供設以琵琶為中心，周圍裝飾枝蔓紋、火焰紋、串珠紋的桃形寶頂。寶頂前後紋飾相同。在塔瓶前飾藍、綠釉色相間花枝，中間裝飾一朵盛開的紫紅色蓮花，花上部飾金剛杵骷髏頭。

圖 105　圓塔式巴苓

1.您買的書名是:＿＿＿＿＿＿＿＿＿＿＿＿＿＿＿＿＿＿＿＿＿

2.您從何處得知本書:

　　□藝術家雜誌　　□報章媒體　　□廣告書訊　　□逛書店　　□親友介紹

　　□網站介紹　　　□讀書會　　　□其他

3.購買理由:

　　□作者知名度　　□書名吸引　　□實用需要　　□親朋推薦　　□封面吸引

　　□其他＿＿＿＿＿＿

4.購買地點:＿＿＿＿＿＿＿＿＿市(縣)＿＿＿＿＿＿＿＿書店

　　□劃撥　　　　　□書展　　　　□網站線上

5.對本書意見:(請填代號1.滿意 2.尚可 3.再改進,請提供建議)

　　□內容　　　　□封面　　　　□編排　　　　□價格　　　　□紙張

　　□其他建議

6.您希望本社未來出版?(可複選)

　　□世界名畫家　　□中國名畫家　　□著名畫派畫論　　□藝術欣賞

　　□美術行政　　　□建築藝術　　　□公共藝術　　　　□美術設計

　　□繪畫技法　　　□宗教美術　　　□陶瓷藝術　　　　□文物收藏

　　□兒童美育　　　□民間藝術　　　□文化資產　　　　□藝術評論

　　□文化旅遊

您推薦＿＿＿＿＿＿＿＿＿作者 或＿＿＿＿＿＿＿＿＿類書籍

您對本社叢書　□經常買　□初次買　□偶而買

廣　告　回　郵
北區郵政管理局登記證
北 台 字 第 7166 號
免　貼　郵　票

藝術家雜誌社　收

100　台北市重慶南路一段147號6樓

6F, No.147, Sec.1, Chung-Ching S. Rd., Taipei, Taiwan, R.O.C.

Artist

姓　　名：　　　　　　　　　　性別：男□ 女□ 年齡：

現在地址：

永久地址：

電　　話：日／　　　　　　　　手機／

E-Mail：

在　　學：□ 學歷：　　　　　　　職業：

您是藝術家雜誌：□今訂戶　□曾經訂戶　□零購者　□非讀者

客戶服務專線：**(02)23886715**　E-Mail：**art.books@msa.hinet.**

圖106　圓塔式巴苓

圖 107　豐瓶式巴苓

通高 43 公分，盤口徑 26 公分，盤底徑 20 公分。

F1XG：17（故 200036 9/17）

巴苓為圓形光素銅底盤，上立銅胎白釉寶瓶，
外形豐圓，瓶前部裝飾銅胎琺瑯蓮花、枝蔓、
數珠飾件。瓶口飾四層仰覆蓮瓣組成的蓮台，
蓮台上供設銀胎琺瑯桃形寶頂，寶頂中心浮雕
盛滿五色寶珠的噶布拉碗圖形，四周配飾枝蔓、
火焰等紋飾。

圖 107　豐瓶式巴苓

圖 108　香爐

口徑 24.5 公分，底徑 20 公分，高 20 公分。

F1XG：19（故 199942）

香爐一件，供於香几上。黃銅鑄造。敞口，束
頸，扁鼓腹，圈足，腹兩側立雙龍耳，素面。
內盛香灰。外底鑄有「大清乾隆年製」楷書款。

圖 109　香几

高 93 公分，面徑 45 公分。

F1XG：18（故 199934）

香几一件，位於琺瑯塔南側。紫檀木質，圓形，
面下有束腰，束腰分段鑲條環板，下承托腮。
牙條膨起，牙條中部飾如意雲頭。五足，每足
皆聳肩、彎腿、外翻雲紋足，下承圓形托泥。

圖 108　香爐

圖 109　香几

二室無上陽體根本品陳設供器

F2XG：1-17

供器十七件，置於北、西、東三側供桌上。質
地為銅胎、銀胎畫琺瑯二種。樣式分五種類型，
即八供養八件、人字巴苓四件、細瓶式巴苓二
件、豐瓶式巴苓一件、水碗巴苓二件。

圖 110　燈八供養

通高 42.5 公分，底徑 18 公分。

F2XG：1（故 199938 1/17）

供養為銀胎畫琺瑯質地。底部三層覆蓮圓底座，
座上為葫蘆式藍釉寶瓶，寶瓶兩側附藍釉纏枝
裝飾，寶瓶上承托仰蓮白釉蓮台，蓮台上安置
屏龕，龕中心鑲玻璃門，門周邊浮雕捲雲、連
珠、枝蔓紋飾，填藍色淺綠色釉，屏龕前後二
面一樣。門內供紙地彩繪供養菩薩立像。藍色
背景，菩薩白膚色，正面直立，頭戴五葉冠，
頸戴數珠，髮髻高挽，赤裸上身，下著黃色裙，
垂藍色飄帶，赤雙足，左手持燭台，右手置於
腹部。

圖 111　水八供養

通高 42.5 公分，底徑 18 公分。

F2XG：2（故 199938 3/17）

供養為銀胎畫琺瑯質地。底部三層覆蓮圓底座，
座上為葫蘆式藍釉寶瓶，寶瓶兩側附藍釉纏枝
裝飾，寶瓶上承托仰蓮白釉蓮台，蓮台上安置
屏龕，龕中心鑲玻璃門，門周邊浮雕卷雲、連
珠、枝蔓紋飾，填藍色淺綠色釉，屏龕前後二
面一樣。門內供紙地彩繪供養菩薩立像。藍色
背景，菩薩白膚色，正面直立，頭戴五葉冠，
頸戴數珠，髮髻高挽，赤裸上身，下著粉紅色
裙，垂紅色飄帶，赤雙足，左手持水碗，碗內
浪花四濺，右手置於腹部。

圖 110　燈八供養

圖 111　水八供養

153

圖 112　水八供養

通高 42.5 公分，底徑 18 公分。

F2XG：3（故 199938 5/17）

供養為銀胎畫琺瑯質地。底部三層覆蓮圓底座，座上為葫蘆式藍釉寶瓶，寶瓶兩側附藍釉纏枝裝飾，寶瓶上承托仰蓮白釉蓮台，蓮台上安置屏龕，龕中心鑲玻璃門，門周邊浮雕捲雲、連珠、枝蔓紋飾，填藍色淺綠色釉，屏龕前後二面一樣。門內供紙地彩繪供養菩薩立像。藍色背景，菩薩白膚色，正面直立，頭戴五葉冠，頸戴數珠，髮髻高挽，赤裸上身，下著粉紅色裙，垂紅色飄帶，赤雙足，左手持水碗，碗內浪花四濺，右手置於腹部。

圖 113　蓮花八供養

通高 42.5 公分，底徑 18 公分。

F2XG：4（故 199938 7/17）

供養為銀胎畫琺瑯質地。底部三層覆蓮圓底座，座上為葫蘆式藍釉寶瓶，寶瓶兩側附藍釉纏枝裝飾，寶瓶上承托仰蓮白釉蓮台，蓮台上安置屏龕，龕中心鑲玻璃門，門周邊浮雕捲雲、連珠、枝蔓紋飾，填藍色淺綠色釉，屏龕前後二面一樣。門內供紙地彩繪供養菩薩立像。藍色背景，菩薩白膚色，正面直立，頭戴五葉冠，頸戴數珠，髮髻高挽，赤裸上身，下著綠裙，垂淺粉色飄帶，赤雙足，左手持蓮花，右手置於腹部。

圖 112　水八供養

圖 113　蓮花八供養

155

圖 114　音樂八供養

通高 42.5 公分，底徑 18 公分。

F2XG：5（故 199938 11/17）

供養為銀胎畫琺瑯質地。底部三層覆蓮圓底座，座上為葫蘆式藍釉寶瓶，寶瓶兩側附藍釉纏枝裝飾，寶瓶上承托仰蓮白釉蓮台，蓮台上安置屏龕，龕中心鑲玻璃門，門周邊浮雕捲雲、連珠、枝蔓紋飾，填藍色淺綠色釉，屏龕前後二面一樣。門內供紙地彩繪供養菩薩立像。藍色背景，菩薩白膚色，正面直立，頭戴五葉冠，頸戴數珠，髮髻高挽，赤裸上身，下著淺紫色裙，垂藍色飄帶，赤雙足，雙手持鈸於胸前。

圖 115　音樂八供養

通高 42.5 公分，底徑 18 公分。

F2XG：6（故 199938 13/17）

供養為銀胎畫琺瑯質地。底部三層覆蓮圓底座，座上為葫蘆式藍釉寶瓶，寶瓶兩側附藍釉纏枝裝飾，寶瓶上承托仰蓮白釉蓮台，蓮台上安置屏龕，龕中心鑲玻璃門，門周邊浮雕捲雲、連珠、枝蔓紋飾，填藍色淺綠色釉，屏龕前後二面一樣。門內供紙地彩繪供養菩薩立像。藍色背景，菩薩白膚色，正面直立，頭戴五葉冠，頸戴數珠，髮髻高挽，赤裸上身，下著淺紫色裙，垂藍色飄帶，赤雙足，雙手持鈸於胸前。

圖 114　音樂八供養

圖 115　音樂八供養

157

圖 116　蓮花八供養

通高 42.5 公分，底徑 18 公分。

F2XG：7（故 199938 15/17）

供養為銀胎畫琺瑯質地。底部三層覆蓮圓底座，座上為葫蘆式藍釉寶瓶，寶瓶兩側附藍釉纏枝裝飾，寶瓶上承托仰蓮白釉蓮台，蓮台上安置屏龕，龕中心鑲玻璃門，門周邊浮雕捲雲、連珠、枝蔓紋飾，填藍色淺綠色釉，屏龕前後二面一樣。門內供紙地彩繪供養菩薩立像。藍色背景，菩薩白膚色，正面直立，頭戴五葉冠，頸戴數珠，髮髻高挽，赤裸上身，下著綠裙，垂淺粉色飄帶，赤雙足，左手持花，右手置於腹部。

圖 117　熏香八供養

通高 42.5 公分，底徑 18 公分。

F2XG：8（故 199938 17/17）

供養為銀胎畫琺瑯質地。底部三層覆蓮圓底座，座上為葫蘆式藍釉寶瓶，寶瓶兩側附藍釉纏枝裝飾，寶瓶上承托仰蓮白釉蓮台，蓮台上安置屏龕，龕中心鑲玻璃門，門周邊浮雕捲雲、連珠、枝蔓紋飾，填藍色淺綠色釉，屏龕前後二面一樣。門內供紙地彩繪供養菩薩立像。藍色背景，菩薩白膚色，正面直立，頭戴五葉冠，頸戴數珠，髮髻高挽，赤裸上身，下著淺綠色裙，垂紅色飄帶，赤雙足，雙手托雙耳香爐於胸前。

圖 116　蓮花八供養養

圖 117　薰香八供養

圖 118　人字巴苓

通高 41 公分，盤口徑 26 公分，盤底徑 20 公分。

F2XG：9（故 199938 2/17）

巴苓為銅質圓形底盤，盤內托銀胎琺瑯供器，
形狀為銳角三角形，共分三層，上下相疊。其
上層裝飾有白色火焰紋飾；中層裝飾為白色枝
蔓紋飾；最下層則為錐體狀，起支撐固定作用，
滿燒紫紅釉色，上嵌飾二十八粒呈人字形對稱
排列的白色骷髏頭。供器前部立有銀質燒釉花
枝，上飾白色蓮花，花上方另裝飾有寶劍一把。

圖 118-1　人字巴苓正面　　　　　　　　　　　　圖 118-2　人字巴苓背面

圖 119　人字巴苓

通高 41 公分，盤口徑 26 公分，盤底徑 20 公分。

F2XG：10（故 199938 4/17）

巴苓為銅質圓形底盤，盤內托銀胎琺瑯供器，形狀為銳角三角形，共分三層，上下相疊。其上層裝飾有彩色枝蔓紋飾；中層裝飾為彩色火焰紋飾；最下層則為錐體狀，起支撐固定作用，滿燒紫紅釉色，上嵌飾二十八粒呈人字形對稱排列的白色骷髏頭。供器前部立有銀質琺瑯釉花枝，為藍、綠釉色相間枝葉，上飾三色蓮花和嘎巴拉鼓各一。

圖 119-1　人字巴苓正面

圖 119-2　人字巴苓背面

161

圖 120-1　人字巴苓正面　　　　　　　　　　　　　圖 120-2　人字巴苓背面

圖 120　人字巴苓

通高 41 公分，盤口徑 26 公分，盤底徑 20 公分。

F2XG：11（故 199938 14/17）

巴苓為銅質圓形底盤，盤內托銀胎琺瑯供器，
形狀為銳角三角形，共分三層，上下相疊。其
上層裝飾有白色火焰紋飾；中層裝飾為白色枝
蔓紋飾；最下層則為錐體狀，起支撐固定作用，
滿燒紫紅釉色，上嵌飾二十八粒呈人字形對稱
排列的白色骷髏頭。供器前部立有銀質白釉花
枝，上飾白色蓮花，花上方另裝飾有白色藍把
刀一把。

圖 121-1　人字巴苓正面　　　　　　　　　　圖 121-2　人字巴苓背面

圖 121　人字巴苓

通高 41 公分，盤口徑 26 公分，盤底徑 20 公分。
F2XG：12（故 199938 16/17）

巴苓為銅質圓形底盤，盤內托銀胎琺瑯供器，
形狀為銳角三角形，共分三層，上下相疊。其
上層裝飾有白色火焰紋飾；中層裝飾為白色枝
蔓紋飾；最下層則為錐體狀，起支撐固定作用，
滿燒紫紅釉色，上嵌飾二十八粒呈人字形對稱
排列的白色骷髏頭。供器前部立有銀質燒釉花
枝，上飾一黃色蓮花，花上方另裝飾有藍色寶
劍一把。

圖 122　細瓶式巴苓

<u>通高 43 公分，盤口徑 26 公分，盤底徑 20 公分。</u>

<u>F2XG：13（故 199938 6/17）</u>

巴苓為圓形光素銅底盤，上立銅胎黃釉寶瓶。
瓶為短頸，寬肩，肩至腹部漸斂，近足外展，
直立圈足。寶瓶口安置四層仰覆蓮瓣蓮台，蓮
台上供設銀質桃形寶頂，中心浮雕蓮花承托山
岩圖形。四周配飾枝蔓、火焰等紋飾。瓶前飾
銅胎琺瑯蓮花枝，花枝上飾有一朵盛開的黃色
蓮花。

圖 123　細瓶式巴苓

<u>通高 43 公分，盤口徑 26 公分，盤底徑 20 公分。</u>

<u>F2XG：14（故 199938 12/17）</u>

巴苓為圓形光素銅底盤，上立銅胎黃釉寶瓶。
瓶為短頸，寬肩，肩至腹部漸斂，近足外展，
直立圈足。寶瓶口安置四層仰覆蓮瓣蓮台，蓮
台上供設銀質桃形寶頂，中心浮雕蓮花承托寶
劍圖形，四周配飾枝蔓、火焰等紋飾。瓶前飾
銅胎琺瑯蓮花枝，花枝上裝飾的蓮花佚失。

香几

<u>通高 90 公分，面徑 45 公分。</u>

<u>F2XG：18（故 199941）</u>

香几一件，位於琺瑯塔南側。與一室樓下香几
完全相同，圖版略。

香爐

<u>口徑 24.5 公分，底徑 20 公分，高 20 公分。</u>

<u>F2XG：19（故 199937）</u>

香爐一件，與一室樓下香爐完全相同，圖版略。

圖 122　細瓶式巴苓

圖 123　細瓶式巴苓

165

三室無上陰體根本品陳設供器

F2XG：1-17

供器十七件，置於北、西、東三側供桌上。質
地為銅胎、銀胎畫琺瑯二種；樣式分四種類型，
即八供養八件、人字巴苓六件、細瓶式巴苓二
件、豐瓶式巴苓一件。

圖 124　燈八供養

通高 42.5 公分，底徑 18 公分。

F3XG：1（故 199932 1/17）

供養為銀胎畫琺瑯質地。底部三層覆蓮圓底座，
座上為葫蘆式藍釉寶瓶，寶瓶兩側附藍釉纏枝
裝飾，寶瓶上承托仰蓮白釉蓮台，蓮台上安置
屏龕，龕中心鑲玻璃門，門周邊浮雕捲雲、連
珠、枝蔓紋飾，填藍色淺綠色釉，屏龕前後二
面一樣。門內供紙地彩繪供養菩薩立像。藍色
背景，菩薩白膚色，正面直立，頭戴五葉冠，
頸戴數珠，髮髻高挽，赤裸上身，下著黃色裙，
垂藍色飄帶，赤雙足，左手持燭台，右手置於
腹部。

圖 125　海螺八供養

通高 42.5 公分，底徑 18 公分。

F3XG：2（故 199932 3/17）

供養為銀胎畫琺瑯質地。底部三層覆蓮圓底座，
座上為葫蘆式藍釉寶瓶，寶瓶兩側附藍釉纏枝
裝飾，寶瓶上承托仰蓮白釉蓮台，蓮台上安置
屏龕，龕中心鑲玻璃門，門周邊浮雕捲雲、連
珠、枝蔓紋飾，填藍色淺綠色釉，屏龕前後兩
面一樣。門內供紙地彩繪供養菩薩立像。藍色
背景，菩薩白膚色，正面直立，頭戴五葉冠，
頸戴數珠，髮髻高挽，赤裸上身，下著淺紫色
裙，垂紅色飄帶，赤雙足，左手持海螺，螺內
浪花四濺，右手置於腹部。

圖 124　燈八供養

圖 125　海螺八供養

圖 126 　海螺八供養

通高 42.5 公分，底徑 18 公分。

F3XG：3（故 199932 5/17）

供養為銀胎畫琺瑯質地。底部三層覆蓮圓底座，座上為葫蘆式藍釉寶瓶，寶瓶兩側附藍釉纏枝裝飾，寶瓶上承托仰蓮白釉蓮台，蓮台上安置屏龕，龕中心鑲玻璃門，門周邊浮雕捲雲、連珠、枝蔓紋飾，填藍色淺綠色釉，屏龕前後兩面一樣。門內供紙地彩繪供養菩薩立像。藍色背景，菩薩白膚色，正面直立，頭戴五葉冠，頸戴數珠，髮髻高挽，赤裸上身，下著淺紫色裙，垂紅色飄帶，赤雙足，左手持海螺，螺內浪花四濺，右手置於腹部。

圖 127 　熏香八供養

通高 42.5 公分，底徑 18 公分。

F3XG：4（故 199932 7/17）

供養為銀胎畫琺瑯質地。底部三層覆蓮圓底座，座上為葫蘆式藍釉寶瓶，寶瓶兩側附藍釉纏枝裝飾，寶瓶上承托仰蓮白釉蓮台，蓮台上安置屏龕，龕中心鑲玻璃門，門周邊浮雕捲雲、連珠、枝蔓紋飾，填藍色淺綠色釉，屏龕前後二面一樣。門內供紙地彩繪供養菩薩立像。藍色背景，菩薩白膚色，正面直立，頭戴五葉冠，頸戴數珠，髮髻高挽，赤裸上身，下著淺綠色裙，垂紅色飄帶，赤雙足，雙手托雙耳香爐於胸前。

圖 126 　香水八供養

圖 127　熏香八供養

169

圖 128　香水八供養

通高 42.5 公分，底徑 18 公分。

F3XG：5（故 199932 11/17）

供養為銀胎畫琺瑯質地。底部三層覆蓮圓底座，座上為葫蘆式藍釉寶瓶，寶瓶兩側附藍釉纏枝裝飾，寶瓶上承托仰蓮白釉蓮台，蓮台上安置屏龕，龕中心鑲玻璃門，門周邊浮雕捲雲、連珠、枝蔓紋飾，填藍色淺綠色釉，屏龕前後二面一樣。門內供紙地彩繪供養菩薩立像。藍色背景，菩薩白膚色，正面直立，頭戴五葉冠，頸戴數珠，髮髻高挽，赤裸上身，下著綠地金花裙，垂紅色飄帶，赤雙足，雙手持香水瓶於胸前。

圖 129　水八供養

通高 42.5 公分，底徑 18 公分。

F3XG：6（故 199932 13/17）

供養為銀胎畫琺瑯質地。底部三層覆蓮圓底座，座上為葫蘆式藍釉寶瓶，寶瓶兩側附藍釉纏枝裝飾，寶瓶上承托仰蓮白釉蓮台，蓮台上安置屏龕，龕中心鑲玻璃門，門周邊浮雕捲雲、連珠、枝蔓紋飾，填藍色淺綠色釉，屏龕前後二面一樣。門內供紙地彩繪供養菩薩立像。藍色背景，菩薩白膚色，正面直立，頭戴五葉冠，頸戴數珠，髮髻高挽，赤裸上身，下著淺粉色裙，垂紅色飄帶，赤雙足，左手持水碗，碗內浪花四濺，右手置於腹部。

圖 128　香水八供養

圖129　水八供養

171

圖 130　香水八供養

通高 42.5 公分，底徑 18 公分。

F3XG：7（故 199932 15/17）

供養為銀胎畫質地為銅胎、銀胎畫琺瑯兩種質
地。底部三層覆蓮圓底座，座上為葫蘆式藍釉
寶瓶，寶瓶兩側附藍釉纏枝裝飾，寶瓶上承托
仰蓮白釉蓮台，蓮台上安置屏龕，龕中心鑲玻
璃門，門周邊浮雕捲雲、連珠、枝蔓紋飾，填
藍色淺綠色釉，屏龕前後二面一樣。門內供紙
地彩繪供養菩薩立像。藍色背景，菩薩白膚色，
正面直立，頭戴五葉冠，頸戴數珠，髮髻高挽，
赤裸上身，下著綠地金花裙，垂紅色飄帶，赤
雙足，雙手持香水瓶於胸前。

圖 131　水八供養

通高 42.5 公分，底徑 18 公分。

F3XG：8（故 199932 17/17）

供養為銀胎畫琺瑯質地。底部三層覆蓮圓底座，
座上為葫蘆式藍釉寶瓶，寶瓶兩側附藍釉纏枝
裝飾，寶瓶上承托仰蓮白釉蓮台，蓮台上安置
屏龕，龕中心鑲玻璃門，門周邊浮雕捲雲、連
珠、枝蔓紋飾，填藍色淺綠色釉，屏龕前後二
面一樣。門內供紙地彩繪供養菩薩立像。藍色
背景，菩薩白膚色，正面直立，頭戴五葉冠，
頸戴數珠，髮髻高挽，赤裸上身。下著淺粉色
裙，垂紅色飄帶，赤雙足，左手持水碗，碗內
浪花四濺，右手置於腹部。

圖 130　香水八供養

圖 131　水八供養

圖 132　人字巴苓

通高 41 公分，盤口徑 26 公分，盤底徑 20 公分。

F3XG：9（故 199932 2/17）

巴苓為銅質圓形底盤，盤內托銀胎琺瑯供器，
形狀為銳角三角形，共分三層，上下相疊。其
上層裝飾有彩色枝蔓紋飾；中層裝飾為彩色火
焰紋飾；最下層則為錐體狀，起支撐固定作用，
滿燒紫紅釉色，上嵌飾二十八粒呈人字形對稱
排列的白色骷髏頭。供器前部立有銀質燒釉花
枝，為藍綠釉色相間枝葉。上飾黃色蓮花，花
上方另裝飾有藍色短棒形物。

圖 132-1　人字巴苓正面

圖 132-2　人字巴苓背面

圖 133　人字巴苓

通高 41 公分，盤口徑 26 公分，盤底徑 20 公分。

F3XG：10（故 199932 4/17）

巴苓為銅質圓形底盤，盤內托銀胎琺瑯供器，形狀為銳角三角形，共分三層，上下相疊。其上層裝飾有彩色枝蔓紋飾；中層裝飾為彩色火焰紋飾；最下層則為錐體狀，起支撐固定作用，滿燒紫紅釉色，上嵌飾二十八粒呈人字形對稱排列的白色骷髏頭。供器前部立有銀質燒釉花枝，為藍綠釉色相間枝葉。上飾紫色蓮花，花上飾摩尼寶珠。

圖 133-1　人字巴苓正面

圖 133-2　人字巴苓背面

圖 134　人字巴苓

通高 41 公分，盤口徑 26 公分，盤底徑 20 公分。

F3XG：11（故 199932 8/17）

巴苓為銅質圓形底盤，盤內托銀胎琺瑯供器，
形狀為銳角三角形，共分三層，上下相疊。其
上層裝飾有白色火焰紋飾；中層裝飾為白色枝
蔓紋飾；最下層則為錐體狀，起支撐固定作用，
滿燒紫紅釉色，上嵌飾二十八粒呈人字形對稱
排列的白色骷髏頭。供器前部立有銀質藍綠釉
色花枝，上飾紫色蓮花，蓮花上飾寶珠。

圖 134-1　人字巴苓正面
圖 134-2　人字巴苓背面

圖 135　人字巴苓

通高 41 公分，盤口徑 26 公分，盤底徑 20 公分。

F3XG：12（故 199932 10/17）

巴苓為銅質圓形底盤，盤內托銀胎琺瑯供器，形狀為銳角三角形，共分三層，上下相疊。其上層裝飾有彩色枝蔓紋飾；中層裝飾為彩色火焰紋飾；最下層則為錐體狀，起支撐固定作用，滿燒紫紅釉色，上嵌飾二十八粒呈人字形對稱排列的白色骷髏頭。供器前部立有銀質燒釉花枝，為藍綠釉色相間枝葉。上飾紫色白邊蓮花，蓮花上飾金剛鉞刀。

圖 135-1　人字巴苓正面
圖 135-2　人字巴苓背面

177

圖 136 人字巴苓

通高 41 公分，盤口徑 26 公分，盤底徑 20 公分。

F3XG：13（故 199932 14/17）

巴苓為銅質圓形底盤，盤內托銀胎琺瑯供器，
形狀為銳角三角形，共分三層，上下相疊。其
上層裝飾有彩色枝蔓紋飾；中層裝飾為彩色火
焰紋飾；最下層則為錐體狀，起支撐固定作用，
滿燒紫紅釉色，上嵌飾二十八粒呈人字形對稱
排列的白色骷髏頭。供器前部立有銀質燒釉花
枝，為藍綠釉色相間枝葉，上飾白色蓮花，蓮
花上飾金剛鉞刀。

圖 136-1 人字巴苓正面

圖 136-2 人字巴苓背面

圖 137　人字巴苓

通高 41 公分，盤口徑 26 公分，盤底徑 20 公分。

F3XG：14（故 199932 16/17）

巴苓為銅質圓形底盤，盤內托銀胎琺瑯供器，
形狀為銳角三角形，共分三層，上下相疊。其
上層裝飾有彩色火焰紋飾；中層裝飾為彩色枝
蔓紋飾；最下層則為錐體狀，起支撐固定作用，
滿燒紫紅釉色，上嵌飾二十八粒呈人字形對稱
排列的白色骷髏頭。供器前部立有銀質燒釉花
枝，為藍綠釉色相間枝葉，上飾藍色蓮花，蓮
花上飾寶罐。

圖 137-1　人字巴苓正面

圖 137-2　人字巴苓背面

圖 138　細瓶式巴苓

通高 43 公分，盤口徑 26 公分，盤底徑 20 公分。

F3XG：15（故 199932 6/17）

巴苓為圓形光素銅底盤，上立銅胎黃釉寶瓶。
瓶為短頸，寬肩，肩至腹部漸斂，近足外展，
直立圈足。寶瓶口安置四層仰覆蓮瓣蓮台，蓮
台上供設銀質桃形寶頂，寶頂中心飾有蓮花托
傘幢圖形，四周配飾枝蔓、火焰等紋飾。瓶前
部飾有銀胎琺瑯釉蓮花枝，花枝上裝飾有蓮花、
蓮蓬、花葉。

圖 139　細瓶式巴苓

通高 43 公分，盤口徑 26 公分，盤底徑 20 公分。

F3XG：16（故 199932 12/17）

巴苓為圓形光素銅底盤，上立銅胎黃釉寶瓶。
瓶為短頸，寬肩，肩至腹部漸斂，近足外展，
直立圈足。寶瓶口安置四層仰覆蓮瓣蓮台，蓮
台上供設銀質桃形寶頂，寶頂中心飾有蓮花托
金剛杵圖形，四周配飾枝蔓、火焰等紋飾。瓶
部前飾有銅胎琺瑯蓮花枝，花枝上裝飾有蓮花、
蓮蓬、荷葉等飾件。

圖 138　細瓶式巴苓

圖 139　細瓶式巴苓

181

圖 140　豐瓶式巴苓

<u>通高 43 公分，盤口徑 26 公分，盤底徑 20 公分。</u>

<u>F3XG：17（故 199932 9/17）</u>

巴苓為圓形光素銅底盤，上立銅胎白釉寶瓶。
外形豐圓，瓶前部裝飾銅胎琺瑯蓮花、枝蔓、
數珠紋飾件；瓶口飾四層仰覆蓮瓣組成的蓮台，
蓮台上供設銀胎琺瑯桃形寶頂，寶頂中心飾有
蓮花托二層方亭圖形，方亭出脊簷，分別飾黃、
綠釉色，亭四周配飾枝蔓、火焰等紋飾。

香几

<u>通高 90 公分，面徑 45 公分。</u>

<u>F3XG：18（故 199955）</u>

香几一件，位於琺瑯塔南側。與一室樓下香几
完全相同，圖版略。

香爐

<u>口徑 24.5 公分，底徑 20 公分，高 20 公分。</u>

<u>F3XG：19（故 199933）</u>

香爐一件，與一室樓下香爐完全相同，圖版略。

圖 140-1　豐瓶式巴苓

圖 140-2　豐瓶式巴苓局部

四室瑜伽根本品陳設供器

F4XG：1-16

供器十六件，置於北、西、東三側供桌上。質
地為銅胎、銀胎畫琺瑯兩種。樣式可分四種類
型，即八供養七件、人字巴苓六件、細瓶式巴
苓二件、豐瓶式巴苓一件。

圖 141　蓮花八供養

通高 42.5 公分，底徑 18 公分。

F4XG：1（故 199948 1/16）

供養為銀胎畫琺瑯質地。底部三層覆蓮圓底座，
座上為葫蘆式藍釉寶瓶，寶瓶兩側附藍釉纏枝
裝飾，寶瓶上承托仰蓮白釉蓮台，蓮台上安置
屏龕，龕中心鑲玻璃門，門周邊浮雕捲雲、連
珠、枝蔓紋飾，填藍色淺綠色釉，屏龕前後二
面一樣。門內供紙地彩繪供養菩薩立像。藍色
背景，菩薩白膚色，正面直立，頭戴五葉冠，
頸戴數珠，髮髻高挽，赤裸上身，身上纏繞金
邊飄帶飛舞，下著綠地花卉裙，垂粉紅色飄帶，
赤雙足，左手持紅色蓮花，右手置於腹部。

圖 141-1　蓮花八供養

圖 141-2　蓮花八供養局部

185

圖 142　香水八供養

通高 42.5 公分，底徑 18 公分。

F4XG：2（故 199948 3/16）

供養為銀胎畫琺瑯質地。底部三層覆蓮圓底座，
座上為葫蘆式藍釉寶瓶，寶瓶兩側附藍釉纏枝
裝飾，寶瓶上承托仰蓮白釉蓮台，蓮台上安置
屏龕，龕中心鑲玻璃門，門周邊浮雕捲雲、連
珠、枝蔓紋飾，填藍色淺綠色釉，屏龕前後二
面一樣。門內供紙地彩繪供養菩薩立像。藍色
背景，菩薩白膚色，正面直立，頭戴五葉冠，
頸戴數珠，髮髻高挽，赤裸上身，身上纏繞淺
綠色飄帶飛舞，下著綠地金花裙，垂紅色飄帶，
赤雙足，雙手持香水瓶於胸前。

圖 143　燈八供養

通高 42.5 公分，底徑 18 公分。

F4XG：3（故 199948 5/16）

供養為銀胎畫琺瑯質地。底部三層覆蓮圓底座，
座上為葫蘆式藍釉寶瓶，寶瓶兩側附藍釉纏枝
裝飾，寶瓶上承托仰蓮白釉蓮台，蓮台上安置
屏龕，龕中心鑲玻璃門，門周邊浮雕捲雲、連
珠、枝蔓紋飾，填藍色淺綠色釉，屏龕前後二
面一樣。門內供紙地彩繪供養菩薩立像。藍色
背景，菩薩白膚色，正面直立，頭戴五葉冠，
頸戴數珠，髮髻高挽，赤裸上身，身上纏繞紅
色飄帶飛舞，下著黃色裙，垂藍色飄帶，赤雙
足，左手持燭台，右手置於腹部。

圖 142　香水八供養

186

圖 143　燈八供養

187

圖 144　音樂八供養

通高 42.5 公分，底徑 18 公分。

F4XG：4（故 199948 7/16）

供養為銀胎畫琺瑯質地。底部三層覆蓮圓底座，座上為葫蘆式藍釉寶瓶，寶瓶兩側附藍釉纏枝裝飾，寶瓶上承托仰蓮白釉蓮台，蓮台上安置屏龕，龕中心鑲玻璃門，門周邊浮雕捲雲、連珠、枝蔓紋飾，填藍色淺綠色釉，屏龕前後二面一樣。門內供紙地彩繪供養菩薩立像。藍色背景，菩薩白膚色，正面直立，頭戴五葉冠，頸戴數珠，髮髻高挽，赤裸上身，身上纏繞綠色飄帶飛舞，下著淺紫色裙，垂藍色飄帶，赤雙足，雙手持鈸於胸前。

圖 145　蓮花八供養

通高 42.5 公分，底徑 18 公分。

F4XG：5（故 199948 11/16）

供養為銀胎畫琺瑯質地。底部三層覆蓮圓底座，座上為葫蘆式藍釉寶瓶，寶瓶兩側附藍釉纏枝裝飾，寶瓶上承托仰蓮白釉蓮台，蓮台上安置屏龕，龕中心鑲玻璃門，門周邊浮雕捲雲、連珠、枝蔓紋飾，填藍色淺綠色釉，屏龕前後二面一樣。門內供紙地彩繪供養菩薩立像。藍色背景，菩薩白膚色，正面直立，頭戴五葉冠，頸戴數珠，髮髻高挽，赤裸上身，身上纏繞淺色飄帶飛舞，下著綠色地花卉裙，垂粉紅色飄帶，赤雙足，左手持紅色蓮花，右手置於腹部。

圖 144　音樂八供養

圖 145　蓮花八供養

189

圖 146　水八供養

<u>通高 42.5 公分，底徑 18 公分。</u>

<u>F4XG：6（故 199948 14/16）</u>

供養為銀胎畫琺瑯質地。底部三層覆蓮圓底座，座上為葫蘆式藍釉寶瓶，寶瓶兩側附藍釉纏枝裝飾，寶瓶上承托仰蓮白釉蓮台，蓮台上安置屏龕，龕中心鑲玻璃門，門周邊浮雕捲雲、連珠、枝蔓紋飾，填藍色淺綠色釉，屏龕前後二面一樣。門內供紙地彩繪供養菩薩立像。藍色背景，菩薩白膚色，正面直立，頭戴五葉冠，頸戴數珠，髮髻高挽，赤裸上身，下身上纏繞綠色飄帶飛舞，下著淺粉色裙，垂紅色飄帶，赤雙足，左手持紅色水碗，碗內浪花四濺，右手置於腹部。

圖 147　熏香八供養

<u>通高 42.5 公分，底徑 18 公分。</u>

<u>F4XG：7（故 199948 16/16）</u>

供養為銀胎畫琺瑯質地。底部三層覆蓮圓底座，座上為葫蘆式藍釉寶瓶，寶瓶兩側附藍釉纏枝裝飾，寶瓶上承托仰蓮白釉蓮台，蓮台上安置屏龕，龕中心鑲玻璃門，門周邊浮雕捲雲、連珠、枝蔓紋飾，填藍色淺綠色釉，屏龕前後二面一樣。門內供紙地彩繪供養菩薩立像。藍色背景，菩薩白膚色，正面直立，頭戴五葉冠，頸戴數珠，髮髻高挽，赤裸上身，身上纏繞紅色飄帶飛舞，下身著淺綠色裙，垂紅色飄帶，赤雙足，雙手托雙耳香爐於胸前。

圖 146　水八供養

圖 147　熏香八供養

191

圖 148　人字巴苓

通高 41 公分，盤口徑 26 公分，盤底徑 20 公分。

F4XG：8（故 199948 2/16）

巴苓為銅質圓形底盤，盤內托銀胎琺瑯供器，
形狀為銳角三角形，共分三層，上下相疊。其
上層裝飾有彩色火焰紋飾；中層裝飾為彩色火
焰紋飾；最下層則為錐體狀，起支撐固定作用，
滿燒紫紅釉色，上嵌飾二十八粒呈人字形對稱
排列的白色骷髏頭。供器前部立有銀質燒釉花
枝，上飾白色蓮花，蓮花上為嘎巴拉鼓。

圖 148-1　人字巴苓正面

圖 148-2　人字巴苓背面

圖 149　人字巴苓

通高 41 公分，盤口徑 26 公分，盤底徑 20 公分。

F4XG：9（故 199948 4/16）

巴苓為銅質圓形底盤，盤內托銀胎琺瑯供器，形狀為銳角三角形，共分三層，上下相疊。其上層裝飾有彩色枝蔓紋飾；中層裝飾為彩色火焰紋飾；最下層則為錐體狀，起支撐固定作用，滿燒紫紅釉色，上嵌飾二十八粒呈人字形對稱排列的白色骷髏頭。供器前部立有銀質燒釉花枝，為藍綠釉色相間枝葉，上飾紫色白邊蓮花，蓮花上為金剛鉞刀。

圖 149-1　人字巴苓正面

圖 149-2　人字巴苓背面

圖 150　人字巴苓

通高 41 公分，盤口徑 26 公分，盤底徑 20 公分。

F4XG：10（故 199948 8/16）

巴苓為銅質圓形底盤，盤內托銀胎琺瑯供器，
形狀為銳角三角形，共分三層，上下相疊。其
上層裝飾有白色火焰紋飾；中層裝飾為白色枝
蔓紋飾；最下層則為錐體狀，起支撐固定作用，
滿燒紫紅釉色，上嵌飾二十八粒呈人字形對稱
排列的白色骷髏頭。供器前部立有銀燒琺瑯花
枝，上飾黃色蓮花，蓮花上為摩尼寶珠。

圖 150-1　人字巴苓正面

圖 150-2　人字巴苓背面

圖 151　人字巴苓

通高 41 公分，盤口徑 26 公分，盤底徑 20 公分。

F4XG：11（故 199948 10/16）

巴苓為銅質圓形底盤，盤內托銀胎琺瑯供器，形狀為銳角三角形，共分三層，上下相疊。其上層裝飾有白色火焰紋飾；中層裝飾為白色枝蔓紋飾；最下層則為錐體狀，起支撐固定作用，滿燒紫紅釉色，上嵌飾二十八粒呈人字形對稱排列的白色骷髏頭。供器前部立有銀燒琺瑯花枝，上飾黃色蓮花，蓮花上為矛槍。

圖 151-1　人字巴苓正面

圖 151-2　人字巴苓背面

195

圖 152-1　人字巴苓正面　　　　　　　　　　　　　　　　圖 152-2　人字巴苓背面

圖 152　人字巴苓

通高 41 公分，盤口徑 26 公分，盤底徑 20 公分。

F4XG：12（故 199948 13/16）

巴苓為銅質圓形底盤，盤內托銀胎琺瑯供器，
形狀為銳角三角形，共分三層，上下相疊。其
上層裝飾有彩色枝蔓紋飾；中層裝飾為彩色火
焰紋飾；最下層則為錐體狀，起支撐固定作用，
滿燒紫紅釉色，上嵌飾二十八粒呈人字形對稱
排列的白色骷髏頭。供器前部立有銀燒琺瑯花
枝，為藍綠釉色相間枝葉上飾白色蓮花，蓮花
上為三尖叉。

圖 153-1　人字巴苓正面

圖 153-2　人字巴苓背面

圖 153　人字巴苓

通高 41 公分，盤口徑 26 公分，盤底徑 20 公分。

F4XG：13（故 199948 15/16）

巴苓為銅質圓形底盤，盤內托銀胎琺瑯供器，
形狀為銳角三角形，共分三層，上下相疊。其
上層裝飾有彩色枝蔓紋飾；中層裝飾為彩色火
焰紋飾；最下層則為錐體狀，起支撐固定作用，
滿燒紫紅釉色，上嵌飾二十八粒呈人字形對稱
排列的白色骷髏頭。供器前部立有銀質燒釉花
枝，為藍綠釉色相間枝葉。上飾藍色白邊蓮花，
蓮花上為金剛骷髏三尖叉。

197

圖 154　細瓶式巴苓

通高 43 公分，盤口徑 26 公分，
盤底徑 20 公分。

F4XG：14（故 199948 6/16）

巴苓為圓形光素銅底盤，上立銅胎黃釉寶瓶。瓶為短頸，寬肩，肩至腹部漸斂，近足外展，直立圈足。寶瓶口安置四層仰覆蓮瓣蓮台，蓮台上供設銀質桃形寶頂，寶頂中心飾有蓮花托金剛交杵杖圖形，四周配飾枝蔓、火焰等紋飾。瓶前飾有銅胎琺瑯蓮花枝，花枝上裝飾一朵黃蓮花。

圖 155　細瓶式巴苓

通高 43 公分，盤口徑 26 公分，
盤底徑 20 公分。

F4XG：15（故 199948 12/16）

巴苓為圓形光素銅底盤，上立銅胎黃釉寶瓶。瓶為短頸，寬肩，肩至腹部漸斂，近足外展，直立圈足。寶瓶口安置四層仰覆蓮瓣蓮台，蓮台上供設銀質桃形寶頂，寶頂中心飾有蓮花托三尖叉圖形，四周配飾枝蔓、火焰等紋飾。瓶前飾有銅胎琺瑯蓮花枝，花枝上裝飾一朵藍蓮花。

圖 156　豐瓶式巴苓

通高 43 公分，盤口徑 26 公分，
盤底徑 20 公分。

F4XG：16（故 199948 9/16）

巴苓為圓形光素銅底盤，上立銅胎白釉寶瓶。外形豐圓，瓶前部裝飾銅胎琺瑯蓮花、枝蔓、數珠飾件；瓶口飾四層仰覆蓮瓣組成的蓮台，蓮台上供設銀胎琺瑯桃形寶頂，寶頂中心是盛開的蓮花承托白色象牙圖形，四周配飾枝蔓、火焰等紋飾。

香几

通高 90 公分，面徑 45 公分。

F4XG：17（故 199956）

香几一件，位於琺瑯塔南側。與一室樓下香几完全相同，圖版略。

香爐

口徑 24.5 公分，底徑 20 公分，高 20 公分。

F4XG：18（故 199962）

香爐一件，與一室樓下香爐完全相同，圖版略。

圖 154　細瓶式巴苓

圖 155　細瓶式巴苓

圖 156　豐瓶式巴苓

199

五室德行根本品陳設供器

F5XG：1-15

供器十五件，置於北、西、東三側供桌上。質地為銅胎、銀胎畫琺瑯兩種。樣式分三種類型，即八供養七件、人字巴苓六件、細瓶式巴苓二件。

圖 157　水八供養

通高 42.5 公分，底徑 18 公分。

F5XG：1（故 199950 1/15）

供養為銀胎畫琺瑯質地。底部三層覆蓮圓底座，座上為葫蘆式藍釉寶瓶，寶瓶兩側附藍釉纏枝裝飾，寶瓶上承托仰蓮白釉蓮台，蓮台上安置屏龕，龕中心鑲玻璃門，門周邊浮雕捲雲、連珠、枝蔓紋飾，填藍色淺綠色釉，屏龕前後二面一樣。門內供紙地彩繪供養菩薩立像。藍色背景，菩薩白膚色，正面直立，頭戴五葉冠，頸戴數珠，髮髻高挽，赤裸上身，身上纏繞綠色飄帶飛舞，下著淺紫色裙，垂紅色飄帶，赤雙足，左手持紅色水碗，碗內浪花四濺，右手置於腹部。

圖 158　熏香八供養

通高 42.5 公分，底徑 18 公分。

F5XG：2（故 199950 3/15）

供養為銀胎畫琺瑯質地。底部三層覆蓮圓底座，座上為葫蘆式藍釉寶瓶，寶瓶兩側附藍釉纏枝裝飾，寶瓶上承托仰蓮白釉蓮台，蓮台上安置屏龕，龕中心鑲玻璃門，門周邊浮雕捲雲、連珠、枝蔓紋飾，填藍色淺綠色釉，屏龕前後二面一樣。門內供紙地彩繪供養菩薩立像。藍色背景，菩薩白膚色，正面直立，頭戴五葉冠，頸戴數珠，髮髻高挽，赤裸上身，身上纏繞紅色飄帶飛舞，下著淺綠色裙，垂紅色飄帶，赤雙足，雙手托雙耳香爐於胸前。

圖 157　水八供養

圖 158　薰香八供養

201

圖 159　水八供養

通高 42.5 公分，底徑 18 公分。

F5XG：3（故 199950 4/15）

供養為銀胎畫琺瑯質地。底部三層覆蓮圓底座，座上為葫蘆式藍釉寶瓶，寶瓶兩側附藍釉纏枝裝飾，寶瓶上承托仰蓮白釉蓮台，蓮台上安置屏龕，龕中心鑲玻璃門，門周邊浮雕捲雲、連珠、枝蔓紋飾，填藍色淺綠色釉，屏龕前後二面一樣。門內供紙地彩繪供養菩薩立像。藍色背景，菩薩白膚色，正面直立，頭戴五葉冠，頸戴數珠，髮髻高挽，赤裸上身，身上纏繞綠色飄帶飛舞，下著淺紫色裙，垂紅色飄帶，赤雙足，左手持紅色水碗，碗內浪花四濺，右手置於腹部。

圖 160　海螺八供養

通高 42.5 公分，底徑 18 公分。

F5XG：4（故 199950 8/15）

供養為銀胎畫琺瑯質地。底部三層覆蓮圓底座，座上為葫蘆式藍釉寶瓶，寶瓶兩側附藍釉纏枝裝飾，寶瓶上承托仰蓮白釉蓮台，蓮台上安置屏龕，龕中心鑲玻璃門，門周邊浮雕捲雲、連珠、枝蔓紋飾，填藍色淺綠色釉，屏龕前後二面一樣。門內供紙地彩繪供養菩薩立像。藍色背景，菩薩白膚色，正面直立，頭戴五葉冠，頸戴數珠，髮髻高挽，赤裸上身，身上纏繞綠色飄帶飛舞，下著淺紫色裙，垂紅色飄帶，赤雙足，左手持海螺，螺內浪花四濺，右手置於腹部。

圖 159　水八供養

圖 160　海螺八供養

圖 161　音樂八供養

通高 42.5 公分，底徑 18 公分。

F5XG：5（故 199950 9/15）

供養為銀胎畫琺瑯質地。底部三層覆蓮圓底座，
座上為葫蘆式藍釉寶瓶，寶瓶兩側附藍釉纏枝
裝飾，寶瓶上承托仰蓮白釉蓮台，蓮台上安置
屏龕，龕中心鑲玻璃門，門周邊浮雕捲雲、連
珠、枝蔓紋飾，填藍色淺綠色釉，屏龕前後二
面一樣。門內供紙地彩繪供養菩薩立像。藍色
背景，菩薩白膚色，正面直立，頭戴五葉冠，
頸戴數珠，髮髻高挽，赤裸上身，身上纏繞綠
色飄帶飛舞，下著淺紫色裙，垂藍色飄帶，赤
雙足，雙手持鈸於胸前。

圖 162　水八供養

通高 42.5 公分，底徑 18 公分。

F5XG：6（故 199950 13/15）

供養為銀胎畫琺瑯質地。底部三層覆蓮圓底座，
座上為葫蘆式藍釉寶瓶，寶瓶兩側附藍釉纏枝
裝飾，寶瓶上承托仰蓮白釉蓮台，蓮台上安置
屏龕，龕中心鑲玻璃門，門周邊浮雕捲雲、連
珠、枝蔓紋飾，填藍色淺綠色釉，屏龕前後二
面一樣。門內供紙地彩繪供養菩薩立像。藍色
背景，菩薩白膚色，正面直立，頭戴五葉冠，
頸戴數珠，髮髻高挽，赤裸上身，身上纏繞綠
色飄帶飛舞，下著淺紫色裙，垂紅色飄帶，赤
雙足，左手持紅色水碗，碗內浪花四濺，右手
置於腹部。

圖 161　音樂八供養

圖 162　水八供養

205

圖163 燈八供養

通高 42.5 公分，底徑 18 公分。

F5XG：7（故 199950 15/15）

供養為銀胎畫琺瑯質地。底部三層覆蓮圓底座，
座上為葫蘆式藍釉寶瓶，寶瓶兩側附藍釉纏枝
裝飾，寶瓶上承托仰蓮白釉蓮台，蓮台上安置
屏龕，龕中心鑲玻璃門，門周邊浮雕捲雲、連
珠、枝蔓紋飾，填藍色淺綠色釉，屏龕前後二
面一樣。門內供紙地彩繪供養菩薩立像。藍色
背景，菩薩白膚色，正面直立，頭戴五葉冠，
頸戴數珠，髮髻高挽，赤裸上身，身上纏繞紅
色飄帶飛舞，下著黃色裙，垂藍色飄帶，赤雙
足，左手持燭台，右手置於腹部。

圖163 燈八供養

圖164　人字巴苓

通高 41 公分，盤口徑 26 公分，盤底徑 20 公分。

F5XG：8（故 199950 2/15）

巴苓為銅質圓形底盤，盤內托銀胎琺瑯供器，
形狀為銳角三角形，共分三層，上下相疊。其
上層裝飾有彩色枝蔓紋飾；中層裝飾為彩色火
焰紋飾；最下層則為錐體狀，起支撐固定作用，
滿燒紫紅釉色，上嵌飾二十八粒呈人字形對稱
排列的白色骷髏頭。供器前部立有銀質燒釉花
枝，為藍綠釉色相間枝葉，上飾白色蓮花，蓮
花上為金剛鉤。

圖 164-1　人字巴苓正面

圖 164-2　人字巴苓背面

圖 165　人字巴苓

通高 41 公分，盤口徑 26 公分，盤底徑 20 公分。

F5XG：9（故 199950 5/15）

巴苓為銅質圓形底盤，盤內托銀胎琺瑯供器，
形狀為銳角三角形，共分三層，上下相疊。其
上層裝飾有白色火焰紋飾；中層裝飾為白色枝
蔓紋飾；最下層則為錐體狀，起支撐固定作用，
滿燒紫紅釉色，上嵌飾二十八粒呈人字形對稱
排列的白色骷髏頭。供器前部立有銀燒琺瑯花
枝，上飾白色蓮花，蓮花上為黃色蘋果。

圖 165-1　人字巴苓正面　　　　　　　　　　　　　　圖 165-2　人字巴苓背面

圖 166　人字巴苓

通高 41 公分，盤口徑 26 公分，盤底徑 20 公分。

F5XG：10（故 199950 7/15）

巴苓為銅質圓形底盤，盤內托銀胎琺瑯供器，形狀為銳角三角形，共分三層，上下相疊。其上層裝飾有白色火焰紋飾；中層裝飾為白色枝蔓紋飾；最下層則為錐體狀，起支撐固定作用，滿燒紫紅釉色，上嵌飾二十八粒呈人字形對稱排列的白色骷髏頭。供器前部立有銀燒琺瑯花枝，上飾白色蓮花，蓮花上為金剛鉞刀。

圖 166-1　人字巴苓正面　　　　　　　　　　　　圖 166-2　人字巴苓背面

209

圖 167　人字巴苓

通高 41 公分，盤口徑 26 公分，盤底徑 20 公分。

F5XG：11（故 199950 10/15）

巴苓為銅質圓形底盤，盤內托銀胎琺瑯供器，
形狀為銳角三角形，共分三層，上下相疊。其
上層裝飾有彩色枝蔓紋飾；中層裝飾為彩色火
焰紋飾；最下層則為錐體狀，起支撐固定作用，
滿燒紫紅釉色，上嵌飾二十八粒呈人字形對稱
排列的白色骷髏頭。供器前部立有銀質燒釉花
枝，花枝葉藍綠釉色相間。上飾紫色白邊蓮花，
蓮花上為藍色短仗。

圖 167-1　人字巴苓正面

圖 167-2　人字巴苓背面

圖 168　人字巴苓

通高 41 公分，盤口徑 26 公分，盤底徑 20 公分。

F5XG：12（故 199950 12/15）

巴苓為銅質圓形底盤，盤內托銀胎琺瑯供器，
形狀為銳角三角形，共分三層，上下相疊。其
上層裝飾有白色火焰紋飾；中層裝飾為白色枝
蔓紋飾；最下層則為錐體狀，起支撐固定作用，
滿燒紫紅釉色，上嵌飾二十八粒呈人字形對稱
排列的白色骷髏頭。供器前部立有銀燒琺瑯花
枝，花枝葉藍綠釉色相間。上飾紫色蓮花，蓮
花上為腿骨棒。

圖 168-1　人字巴苓正面　　　　　　　　　　　　　圖 168-2　人字巴苓背面

212

圖 169　人字巴苓

通高 41 公分，盤口徑 26 公分，盤底徑 20 公分。

F5XG：13（故 199950 14/15）

巴苓為銅質圓形底盤，盤內托銀胎琺瑯供器，形狀為銳角三角形，共分三層，上下相疊。其上層裝飾有彩色枝蔓紋飾；中層裝飾為彩色火焰紋飾；最下層則為錐體狀，起支撐固定作用，滿燒紫紅釉色，上嵌飾二十八粒呈人字形對稱排列的白色骷髏頭。供器前部立有銀質燒釉花枝，花枝葉藍綠釉色相間。上飾紫色白邊蓮花，蓮花上為金剛橛。

圖 169-1　人字巴苓正面　　　　　　　　　　　　　　　　　　圖 169-2　人字巴苓背面

圖170　細瓶式巴苓

通高 43 公分，盤口徑 26 公分，盤底徑 20 公分。

F5XG：14（故 199950 6/15）

巴苓為圓形光素銅底盤，上立銅胎黃釉寶瓶。
瓶為短頸，寬肩，肩至腹部漸斂，近足外展，
直立圈足。寶瓶口安置四層仰覆蓮瓣蓮台，蓮
台上供設銀質桃形寶頂，寶頂中心飾有蓮花托
海螺圖形，海螺直立，四周配飾枝蔓、火焰等
紋飾。瓶前立銅胎琺瑯蓮花枝，花枝上裝飾白
邊紫色蓮花。

圖171　細瓶式巴苓

通高 43 公分，盤口徑 26 公分，盤底徑 20 公分。

F5XG：15（故 199950 11/15）

巴苓為圓形光素銅底盤，上立銅胎黃釉寶瓶。
瓶為短頸，寬肩，肩至腹部漸斂，近足外展，
直立圈足。寶瓶口安置四層仰覆蓮瓣蓮台，蓮
台上供設銀質桃形寶頂，寶頂中心飾有蓮花托
摩尼寶珠圖形，四周配飾枝蔓、火焰等紋飾。
瓶前立銅胎琺瑯蓮花枝，藍綠釉色相間，花枝
上裝飾黃蓮花。

香几

通高 90 公分，面徑 45 公分。

F5XG：16（故 200024）

香几一件，位於琺瑯塔南側。與一室樓下香几
完全相同，圖版略。

香爐

口徑 24.5 公分，底徑 20 公分，高 20 公分。

F5XG：17（故 199961）

香爐一件，與一室樓下香爐完全相同，圖版略。

圖170　細瓶式巴苓

圖 171　細瓶式巴苓

215

六室功行根本品陳設供器

供器十七件，置於北、西、東三側供桌上。質地為銅胎、銀胎畫琺瑯兩種，樣式分三種類型，即八供養七件、人字巴苓六件、圓塔式巴苓三件、亭式巴苓一件。

圖 172　水八供養

通高 42.5 公分，底徑 18 公分。

F6XG：1（故 199949 2/17）

供養為銀胎畫琺瑯質地。底部三層覆蓮圓底座，座上為葫蘆式藍釉寶瓶，寶瓶兩側附藍釉纏枝裝飾，寶瓶上承托仰蓮白釉蓮台，蓮台上安置屏龕，龕中心鑲玻璃門，門周邊浮雕捲雲、連珠、枝蔓紋飾，填藍色淺綠色釉，屏龕前後二面一樣。門內供紙地彩繪供養菩薩立像。藍色背景，菩薩白膚色，正面直立，頭戴五葉冠，頸戴數珠，髮髻高挽，赤裸上身，身上纏繞綠、黃間色飄帶飛舞，下著淺紫色裙，垂紅色飄帶，赤雙足，左手持紅色水碗，碗內浪花四濺，右手置於腹部。

圖 173　蓮花八供養

通高 42.5 公分，底徑 18 公分。

F6XG：2（故 199949 4/17）

供養為銀胎畫琺瑯質地。底部三層覆蓮圓底座，座上為葫蘆式藍釉寶瓶，寶瓶兩側附藍釉纏枝裝飾，寶瓶上承托仰蓮白釉蓮台，蓮台上安置屏龕，龕中心鑲玻璃門，門周邊浮雕捲雲、連珠、枝蔓紋飾，填藍色淺綠色釉，屏龕前後二面一樣。門內供紙地彩繪供養菩薩立像。藍色背景，菩薩白膚色，正面直立，頭戴五葉冠，頸戴數珠，髮髻高挽，赤裸上身，身上纏繞黃、藍色相間飄帶飛舞，下著綠地裙，垂粉紅色飄帶，赤雙足，左手持紅色蓮花，右手置於腹部。

圖 172　水八供養

圖 173　蓮花八供養

217

圖 174　音樂八供養

通高 42.5 公分，底徑 18 公分。

F6XG：3（故 199949 7/17）

供養為銀胎畫琺瑯質地。底部三層覆蓮圓底座，座
上為葫蘆式藍釉寶瓶，寶瓶兩側附藍釉纏枝裝飾，
寶瓶上承托仰蓮白釉蓮台，蓮台上安置屏龕，龕中
心鑲玻璃門，門周邊浮雕捲雲、連珠、枝蔓紋飾，
填藍色淺綠色釉，屏龕前後二面一樣。門內供紙地
彩繪供養菩薩立像。藍色背景，菩薩白膚色，正面
直立，頭戴五葉冠，頸戴數珠，髮髻高挽，赤裸上
身，身上纏繞綠、黃間色飄帶飛舞，下著淺紫地黃
色花卉裙，垂藍色飄帶，赤雙足，雙手持鈸於胸前。

圖 175　熏香八供養

通高 42.5 公分，底徑 18 公分。

F6XG：4（故 199949 10/17）

供養為銀胎畫琺瑯質地。底部三層覆蓮圓底座，座
上為葫蘆式藍釉寶瓶，寶瓶兩側附藍釉纏枝裝飾，
寶瓶上承托仰蓮白釉蓮台，蓮台上安置屏龕，龕中
心鑲玻璃門，門周邊浮雕捲雲、連珠、枝蔓紋飾，
填藍色淺綠色釉，屏龕前後二面一樣。門內供紙地
彩繪供養菩薩立像。藍色背景，菩薩白膚色，正面
直立，頭戴五葉冠，頸戴數珠，髮髻高挽，赤裸上
身，身上纏繞紅、綠間色飄帶飛舞，下身著淺綠色
裙，垂紅色飄帶，赤雙足，雙手托雙耳香爐於胸前。

圖 176　海螺八供養

通高 42.5 公分，底徑 18 公分。

F6XG：5（故 199949 13/17）

供養為銀胎畫琺瑯質地。底部三層覆蓮圓底座，座
上為葫蘆式藍釉寶瓶，寶瓶兩側附藍釉纏枝裝飾，
寶瓶上承托仰蓮白釉蓮台，蓮台上安置屏龕，龕中
心鑲玻璃門，門周邊浮雕捲雲、連珠、枝蔓紋飾，
填藍色淺綠色釉，屏龕前後二面一樣。門內供紙地
彩繪供養菩薩立像。藍色背景，菩薩白膚色，正面
直立，頭戴五葉冠，頸戴數珠，髮髻高挽，赤裸上
身，身上纏繞黃、綠間色飄帶飛舞，下著淺紫色裙，
垂紅色飄帶，赤雙足，左手持海螺，螺內浪花四濺，
右手置於腹部。

218

圖 174　音樂八供養

圖 175　熏香八供養

圖 176　海螺八供養

219

圖 177　香水八供養

通高 42.5 公分，底徑 18 公分。

F6XG：6（故 199949 15/17）

供養為銀胎畫琺瑯質地。底部三層覆蓮圓底座，
座上為葫蘆式藍釉寶瓶，寶瓶兩側附藍釉纏枝
裝飾，寶瓶上承托仰蓮白釉蓮台，蓮台上安置
屏龕，龕中心鑲玻璃門，門周邊浮雕捲雲、連
珠、枝蔓紋飾，填藍色淺綠色釉，屏龕前後二
面一樣。門內供紙地彩繪供養菩薩立像。藍色
背景，菩薩白膚色，正面直立，頭戴五葉冠，
頸戴數珠，髮髻高挽，赤裸上身，身上纏繞藍、
紅間色飄帶飛舞，下著綠地金花裙，垂紅色飄
帶，赤雙足，雙手持香水瓶於胸前。

圖 178　香水八供養

通高 42.5 公分，底徑 18 公分。

F6XG：7（故 199949 17/17）

供養為銀胎畫琺瑯質地。底部三層覆蓮圓底座，
座上為葫蘆式藍釉寶瓶，寶瓶兩側附藍釉纏枝
裝飾，寶瓶上承托仰蓮白釉蓮台，蓮台上安置
屏龕，龕中心鑲玻璃門，門周邊浮雕捲雲、連
珠、枝蔓紋飾，填藍色淺綠色釉，屏龕前後二
面一樣。門內供紙地彩繪供養菩薩立像。藍色
背景，菩薩白膚色，正面直立，頭戴五葉冠，
頸戴數珠，髮髻高挽，赤裸上身，身上纏繞藍、
紅間色飄帶飛舞，下著綠地金花裙，垂紅色飄
帶，赤雙足，雙手持香水瓶於胸前。

圖 177　香水八供養

圖 178　香水八供養

221

圖179 人字巴苓

通高 41 公分，盤口徑 26 公分，盤底徑 20 公分。

F6XG：8（故 199949 1/17）

巴苓為銅質圓形底盤，盤內托銀胎琺瑯供器，
形狀為銳角三角形，共分三層，上下相疊。其
上層裝飾有彩色枝蔓紋飾；中層裝飾為彩色火
焰紋飾；最下層則為錐體狀，起支撐固定作用，
滿燒紫紅釉色，上嵌飾二十八粒呈人字形對稱
排列的白色骷髏頭。供器前部立有銀質燒釉花
枝，花枝葉藍綠釉色相間，上飾白色蓮花。

圖 179-1　人字巴苓正面
圖 179-2　人字巴苓背面

圖180 人字巴苓

通高 41 公分，盤口徑 26 公分，盤底徑 20 公分。

F6XG：9（故 199949 3/17）

巴苓為銅質圓形底盤，盤內托銀胎琺瑯供器，形狀為銳角三角形，共分三層，上下相疊。其上層裝飾有白色火焰紋飾；中層裝飾為白色枝蔓紋飾；最下層則為錐體狀，起支撐固定作用，滿燒紫紅釉色，上嵌飾二十八粒呈人字形對稱排列的白色骷髏頭。供器前部立有銀燒琺瑯花枝，花枝葉藍綠釉色相間，上飾紫紅色蓮花，蓮花上為金剛鈸刀。

圖 180-1　人字巴苓正面
圖 180-2　人字巴苓背面

圖181 人字巴苓

通高 41 公分，盤口徑 26 公分，盤底徑 20 公分。

F6XG：10（故 199949 5/17）

巴苓為銅質圓形底盤，盤內托銀胎琺瑯供器，
形狀為銳角三角形，共分三層，上下相疊。其
上層裝飾有白色火焰紋飾；中層裝飾為白色枝
蔓紋飾；最下層則為錐體狀，起支撐固定作用，
滿燒紫紅釉色，上嵌飾二十八粒呈人字形對稱
排列的白色骷髏頭。供器前部立有銀燒琺瑯花
枝，花枝葉藍綠釉色相間，花枝上原有蓮花現
不存，只存上部金剛鉞刀。

圖 181-1　人字巴苓正面

圖 181-2　人字巴苓背面

圖182　人字巴苓

通高 41 公分，盤口徑 26 公分，盤底徑 20 公分。

F6XG：11（故 199949 12/17）

巴苓為銅質圓形底盤，盤內托銀胎琺瑯供器，形狀為銳角三角形，共分三層，上下相疊。其上層裝飾有彩色火焰紋飾；中層裝飾為彩色枝蔓紋飾；最下層則為錐體狀，起支撐固定作用，滿燒紫紅釉色，上嵌飾二十八粒呈人字形對稱排列的白色骷髏頭。供器前部立有銀質白釉花枝，上飾白色蓮花、蓮花上為藍釉金剛杖。

圖 182-1　人字巴苓正面

圖 182-2　人字巴苓背面

圖 183　人字巴苓

通高 41 公分，盤口徑 26 公分，盤底徑 20 公分。

F6XG：12（故 199949 14/17）

巴苓為銅質圓形底盤，盤內托銀胎琺瑯供器，
形狀為銳角三角形，共分三層，上下相疊。其
上層裝飾有白色火焰紋飾；中層裝飾為白色枝
蔓紋飾；最下層則為錐體狀，起支撐固定作用，
滿燒紫紅釉色，上嵌飾二十八粒呈人字形對稱
排列的白色骷髏頭。供器前部立有銀質燒釉花
枝，花枝葉藍綠釉色相間，上飾白色蓮花、蓮
花上為藍釉金剛杖。

圖 183-1　人字巴苓正面

圖 183-2　人字巴苓背面

圖 184　人字巴苓

<u>通高 41 公分，盤口徑 26 公分，盤底徑 20 公分。</u>
<u>F6XG：13（故 199949 16/17）</u>

巴苓為銅質圓形底盤，盤內托銀胎琺瑯供器，
形狀為銳角三角形，共分三層，上下相疊。其
上層裝飾有彩色枝蔓紋飾；中層裝飾為彩色火
焰紋飾；最下層則為錐體狀，起支撐固定作用，
滿燒紫紅釉色，上嵌飾二十八粒呈人字形對稱
排列的白色骷髏頭。供器前部立有銀質燒釉花
枝，花枝葉藍綠釉色相間，上飾藍色蓮花、蓮
花上為藍色釉短杖。

圖 184-1　人字巴苓正面
圖 184-2　人字巴苓背面

圖 185　圓塔式巴苓

通高 43 公分，盤口徑 26 公分，盤底徑 20 公分。

F6XG：14（故 199949 6/17）

巴苓為圓形光素銅底盤，上為銅胎白釉方台底
座，方台座下是圓形高足，足下近底外展。檯
面上設置覆缽式白釉塔瓶，與底座通體相連。
在塔瓶頂安置四層仰覆蓮瓣蓮台，蓮台上供設
以圓火珠圖形為中心，周圍裝飾枝蔓紋、火焰
紋、串珠紋的銀質桃形寶頂，桃形寶頂前後紋
飾相同。塔瓶前立一藍綠釉色相間花枝，上飾
盛開的藍色蓮花。

圖 186　圓塔式巴苓

通高 43 公分，盤口徑 26 公分，盤底徑 20 公分。

F6XG：15（故 199949 11/17）

巴苓為圓形光素銅底盤，上為銅胎白釉方台底
座，方台座下是圓形高足，足下近底外展。檯
面上設置覆缽式白釉塔瓶，與底座通體相連。
在塔瓶頂安置四層仰覆蓮瓣蓮台，蓮台上供設
以寶刀圖形為中心，周圍裝飾枝蔓紋、火焰紋、
串珠紋的銀質桃形寶頂，寶頂前後紋飾相同。
塔瓶前另立有藍綠釉色相間花枝，上面飾盛開
的黃色蓮花。

圖 185　圓塔式巴苓

圖 186　圓塔式巴苓

229

圖 187　豐瓶式巴苓

通高 43 公分，盤口徑 26 公分，盤底徑 20 公分。

F6XG：16（故 199949 8/17）

巴苓為圓形光素銅底盤，上立銅胎白釉寶瓶。
外形豐圓，瓶前部裝飾銅胎琺瑯蓮花、枝蔓、
數珠飾件。瓶口飾四層仰覆蓮瓣組成的蓮台，
蓮台上供設銀胎琺瑯桃形寶頂，寶頂中心浮雕
寶瓶圖形，四周配飾枝蔓、火焰等紋飾。

圖 188　亭式巴苓

通高 52.5 公分，盤口徑 26 公分，盤底徑 20 公分。

F6XG：17（故 199949 9/17）

巴苓為圓形光素銅底盤，中立三層四方形樓閣
式塔，自下而上，層層漸收。每層四面各設門，
內裡分別盛有摩尼寶珠、五色財寶、五色寶珠
等。在一層樓閣四門外裝飾三個寶瓶，四邊分
設護攔。每層樓閣均出鍍金單簷，簷脊上安勾
蓮飾件，簷角飾蓮花，懸飾流蘇、海螺、風鈴。
樓閣頂立寶蓋，寶蓋頂飾寶珠，垂六條飄帶。
塔下為三層白色釉基座。

香几

通高 90 公分，面徑 45 公分。

香几一件，位於琺瑯塔南側。與一室樓下香几
完全相同，圖版略。

香爐

口徑 24.5 公分，底徑 20 公分，高 20 公分。

F6XG：19（故 200037）

香爐一件，與一室樓下香爐完全相同，圖版略。

圖 187　豐瓶式巴苓

圖 188　亭式巴苓

231

圖189　供桌

供桌長 300 公分，寬 54.5 公分，高 98 公分；

須彌座長 300 公分，最寬 19 公分，高 25.5 公分。

F1SZ：1（故 199926）

供桌一張，位於北壁前。紫檀木質，長條形，冰盤沿下長
牙條，牙頭鏤雕卷草紋，直腿，兩側出雲紋翅；外側腿面
飾混面雙邊線，腿間裝雙棖，回紋雙翻馬蹄。上置紫檀木
須彌長座一件，側簧和底盤均浮雕卷草紋，上、下為巴達
馬紋，高束腰上飾瓶式矮佬和寶相花紋。

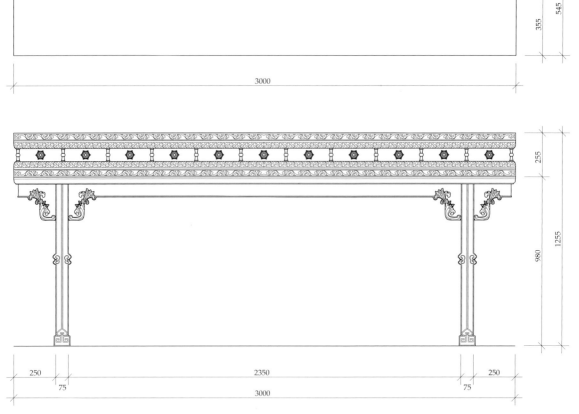

圖 189　供桌

232

圖 190　佛格

寬 226 公分，高 196 公分；

供櫃寬 226 公分，高 72.8 公分，進深 50 公分；

抽屜寬 33.3 公分，高 9.5 公分，進深 23.4 公分（每個）；

櫃門寬 33 公分，高 68 公分；櫃門心寬 27 公分，高 61.8 公分）

佛格嵌於西、東兩壁內，每座佛格均分為上、中、下三部分。上部分為五層佛龕，龕內均襯黃錦，分為大、中、小三種規格。第一層和第五層各分出十三個小龕，每個小龕寬 15.2 公分，高 15 公分，進深 23 公分。第二層和第四層各分出十二個小龕，每個小龕寬 16.8 公分，高 18.3 公分，

進深 23 公分。第三層分十一個小龕，每個小龕寬 18.4 公分，高 21.2 公分，進深 23 公分。合計共六十一龕。每龕均有紫檀木邊框玻璃歡門，內供小銅佛一尊，保存基本完好。

中部為六個扁長方形抽屜，抽屜面透雕卡子花紋代替抽屜拉手。屜內原供物品現已不存。

下部為供櫃，其中東壁佛格下部供櫃與二室西壁佛格下部供櫃的內部相通。原用於放置鞔皮畫金箱，箱內供放祭法器、佛經等。現在僅存黃片金斗篷一件，存放鞔皮畫金箱內，其餘均已不存。

圖 190　佛格

233

西壁櫃門

由南向北編號 F1SM：1-6

櫃門六扇，板心蓮蓬中有浮雕供養寶物，分別
為：法螺、天衣、拂塵、經篋、寶匣、佛缽。

圖 191　櫃門

圖 191　櫃門

一室般若品樓上佛格與櫃門

佛格紫檀木質，嵌於西、東兩壁內，每座佛格均分為上、中、下三部分。上部分為五層佛龕，龕內均襯黃錦，分為大、中、小三種規格。第一層和第五層各分出十三個小龕，第二層和第四層各分出十二個小龕，第三層分十一個小龕，合計共六十一龕。每龕均有紫檀木邊框玻璃歡門，內供小銅佛一尊，

保存基本完好。

中部為六個扁長方形抽屜，抽屜面透雕卡子花紋代替抽屜拉手。屜內原供物品現已不存。

下部為供櫃，其中東壁佛格下部供櫃與二室西壁佛格下部供櫃的內部相通。原用於放置韃皮畫金箱，箱內放供器、佛經等。現在僅存黃片金斗篷一件，存放韃皮畫金箱內，其餘均已不存。

供櫃外設三組對開二門，共六扇。每組對開櫃門兩

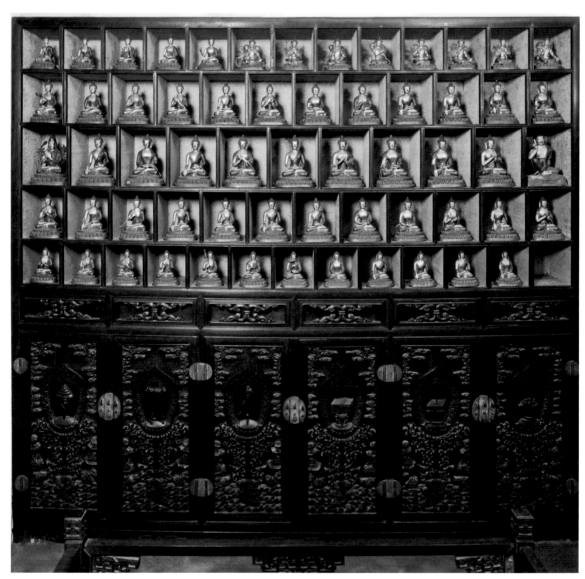

圖 192-1　一室樓上佛格

236

側裝四個銅合頁，中間則裝一個銅圓面葉。面葉上安裝門拉手、鎖環；每扇櫃門板心採用鏟地高浮雕和鏤雕的方法雕出精美的佛教圖案。最下部為海水江崖，從浪花岩石中生出粗莖蓮蓬，蓮蓬中心雕佛教供養寶物，寶物裝飾桃形背光，浮雕卷草紋和連珠紋。

圖 192　一室樓上佛格

圖 192-2　一室樓上佛格

237

西壁櫃門

由南向北編號 F1SM：1-6

櫃門六扇，板心蓮蓬中有浮雕供養寶物，分別為：法螺、
天衣、拂塵、經篋、寶匣、佛缽。

圖 193　法螺

F1M1

此為右旋螺。螺身豎立，螺頭朝上，螺尾尖朝下，螺口旋
向外。

圖 194　天衣

F1M2

天衣為長方披單，垂搭於衣架橫杆上。刻有雙線田相格，
線條分明，雕刻寫實，有絲織物的輕柔質感。

● 圖 193-1　法螺　　　　　　　　　　圖 193-2　法螺　　　　　　　　　　　　　　　　　圖 194　天衣

圖 195　拂塵

F1M3

拂塵握柄雕刻精緻華麗，手握處為橢圓棒形，兩端雕以植物及寶珠紋飾。柄頭套環上垂掛拂塵密集的長絲，飄向一側。

圖 196　經篋

F1M4

經篋為長方散葉佛經形式，上下用兩片木板相夾，中間用繩子捆紮三道。置於三足書几上。

圖 195　拂塵

圖 196　經篋

圖 197　寶匣

F1M5

方形寶匣內盛滿寶珠，匣蓋微啟，內寶珠整體排列、粒粒外顯。匣蓋上鑲柱形小鈕。匣蓋雕扣吊，兩側雕提手。寶匣安置在方托架上。

圖 198　佛缽

F1M6

缽扁圓形，口略小。缽內盛滿甘露，波浪翻滾。缽下承圓形束腰蓮座。

圖 197　寶匣

圖 198　佛缽

櫃門六扇，板心蓮蓬中有浮雕供養寶物，分別為：孔雀羽扇、金剛錘、摩尼寶珠、項鍊、佛座、佛塔。

圖 199　孔雀羽扇

<u>F1M7</u>

羽扇為葫蘆扇形，扇骨中間雕刻蓮花，上下雕如意雲頭，扇邊雕一圈孔雀翎。圓形長柄，金剛杵頭。手柄上端繫打結飄帶，左右對稱翻捲。

圖 200　金剛錘

<u>F1M8</u>

金剛錘杵頭與橫置錘把相交成十字形，圓柱形錘頭，一端裝飾捲雲。長手柄，手柄底端刻金剛杵。手柄上端繫打結飄帶，左右對稱垂下。

圖 199　孔雀羽扇

圖 200-1　金剛錘

➲ 圖 200-2　金剛錘

圖 201　摩尼寶珠

F1M9

摩尼寶珠為六頭交錯排列成瓶狀，底部雕刻寬頻狀束腰。
葉形底座，上刻寬扁蓮葉紋。寶珠後是拱形火焰紋背光。

圖 202　項鍊

F1M10

項鍊以兩朵小花為界，將項鍊分成對等的三部分。每一部
分由三個一組的圓珠、圓套環組成。瓶形底托，細長頸圓
腹，三足。瓶身雕刻寬扁葉紋及連珠紋，瓶頂上橫置「U」
形托架，項鍊垂搭於其上。

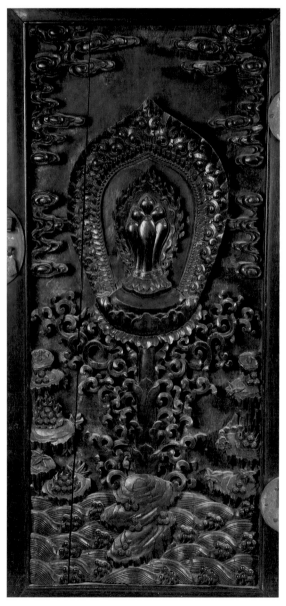

圖 201　摩尼寶珠

圖 202　項鍊

圖 203　佛座

F1M11

佛座為須彌束腰方座，底部雕雙層覆蓮瓣，束腰正前方雕刻二獅站立托舉座台，中間雕火焰三寶珠紋飾，長身光呈舟形，周邊雕刻纏枝蓮紋。

圖 204　佛塔

F1M12

佛塔為三層方底座，覆鈴形塔身，塔身蓮盤上置七層相輪，相輪之上為雕蓮瓣天盤，上托日月。

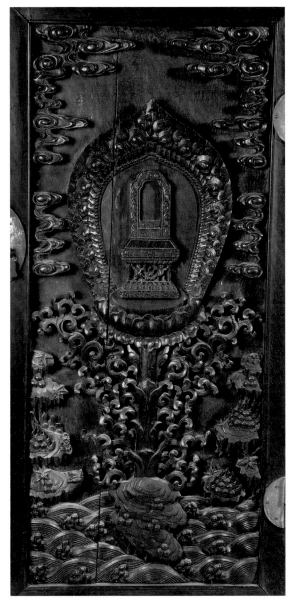

圖 203　佛座

圖 204　佛塔

二室無上陽體根本品樓上佛格與櫃門

佛格其布局、尺寸均與一室佛格相同。每座佛格的上部為五層六十一格佛龕，每龕內供小銅佛一尊，保存基本完好。

中部為六個扁長方形抽屜，原供物品現已不存；抽屜面鏤雕卷草紋。

下部為供櫃，其中西壁佛格下部供櫃與一室東壁佛格下部供櫃的內部相通，東壁佛格下部供櫃則與三室西壁佛格下部供櫃的內部相通，原用於放置鞔皮畫金箱，箱內放供器、佛經，現已不存。

圖 205　二室樓上佛格

圖 205-1　二室樓上佛格

246

圖 205-2　二室樓上佛格

247

西壁櫃門

由南向北編號 F2SM：1-6

櫃門六扇，板心蓮蓬中有浮雕供養寶物，分別為：羽箭、提爐、牡丹花、金剛鉞斧、禪杖、金剛杵。

圖 206　羽箭

F2M1

羽箭，垂直樹立在圓蓮座中心，箭杆殘，柳葉形箭羽完好。

圖 207　提爐

F2M2

提爐為長柄香爐，爐身有三根提樑，圓環鏈將提樑頂蓋與手柄相連。扁圓爐身，覆蓮底座，圈足。爐身底部及爐肩處雕刻蓮瓣紋。浮雕的縷縷香霧從鏤空的爐蓋中緩緩飄出，浮繞於提樑之間。

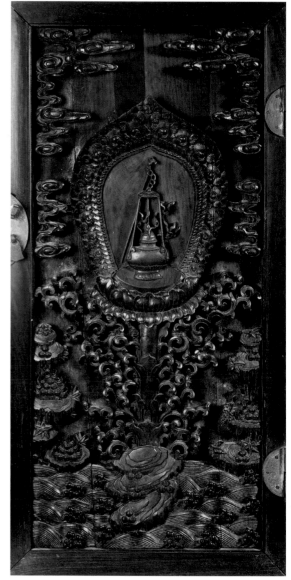

圖 206　羽箭

圖 207-1　提爐

● 圖 207-2　提爐

圖 208　牡丹花

F2M3

牡丹花為兩朵，中間一朵盛開，上方一朵含苞待放。粗壯的枝幹彎曲，遒勁有力，花葉婆娑，繁而不亂。

圖 209　金剛鉞斧

F2M4

鉞斧為金剛杵頭長手柄，手柄頂端安十字交杵心，左側彎月形鉞斧，右側卷雲紋形鉞柄，上方金剛杵頭。長柄上裝飾飄帶打成蝴蝶結形，飄帶兩端自然垂落於長柄兩側。

圖 208　牡丹花

圖 209　金剛鉞斧

圖 210　禪杖

F2M5

此禪杖為二股六環杖，覆缽式塔形杖頂，兩股杖圈為如意雲頭形，六環分套其間，杖圈中心為寶瓶形。杖杆近似竹節，雕成四段橢圓，中間隔有圓箍。

圖 211　金剛杵

F2M6

此杵為五股金剛杵，手握處為長圓球形，中心杵頭挺直，左右各股杵頭雕成彎曲的花枝狀。

圖 210　禪杖

圖 211　金剛杵

東壁櫃門

由南向北編號 F2SM：7-12

櫃門六扇，板心蓮蓬中有浮雕供養寶物，分別為：矛槍、金剛杵杖、火焰劍、法輪、弓、金剛鈴。

圖 212　矛槍

F2M7

矛槍杵頭為長柄，葫蘆形嵌圓珠槍尖，其下紅縷似隨風飄動，槍身拴繫長飄帶。

圖 213　金剛杵杖

F2M8

杖端為五股金剛杵，杖身細長，杖下端亦為金剛杵頭，杖身繫飄帶。

◐ 圖 212-1　矛槍　　　　　　　　　　　　圖 212-2　矛槍　　　　　　　　　　　圖 213　金剛杵杖

圖 214　火焰劍

F2M9

劍身短粗，呈尖葉狀，杵形劍首，劍頭尖銳，劍刃圓弧形，劍脊生輝，刃尖一周火焰升騰。

圖 215　法輪

F2M10

八輻法輪，輪軸雕八瓣蓮花紋，輪輞上下左右雕刻四組三寶珠。輪輞外雕一周火焰紋。輪座喇叭狀，底邊裝飾單層覆蓮紋。

圖 214　火焰劍

圖 215　法輪

圖 216 弓

F2M11

弓身垂立，弓弦殘。

圖 217 金剛鈴

F2M12

金剛鈴為覆缽形鈴身，上雕刻連珠紋、金剛杵紋、獸面紋、瓔珞紋。鈴柄上刻出多道圓環紋和梵頭像。梵頭一面二目，雙眼和嘴唇緊閉，戴耳環。頭戴筒形圓帽，上面雕刻連珠和花葉紋飾，最上為金剛杵頭柄。

圖 216　弓

圖 217　金剛鈴

三室無上陰體根本品樓上佛格與櫃門

佛格其布局、尺寸均與一室佛格相同。每座佛格的上部分為五層六十一格佛龕,內供小銅佛一尊,保存基本完好。

中部為六個扁長方形抽屜,原供物品現已不存;抽屜面鏤雕卷草紋。下部為供櫃,其中西壁佛格下部供櫃與二室東壁佛格下部供櫃的內部相通,原用於放置鞔皮畫金箱,箱內放供器、佛經,現已不存。

圖 218　三室樓上佛格

圖 218-1　三室樓上佛格

256

圖 218-2　三室樓上佛格

西壁櫃門

由南向北編號 F3SM：1-6

櫃門六扇，板心蓮蓬中有浮雕供養寶物，分別為：金剛線、骷髏冠、三尖叉、嘎巴拉碗、嘎巴拉鼓、喀章嘎。

圖 219　金剛線

F3M1

金剛線為三股線錯落有秩、繞盤成一個花朵圖案，打結處代表花心。線頭繞過打結處相交垂下，線頭處各串接三顆圓珠。

圖 220　骷髏冠

F3M2

冠頂鑲五個骷髏頭，中間一個稍大，頸部頻寬扁狀瓔珞；兩邊各兩個小骷髏頭，骷髏頭頂飾摩尼寶珠。冠邊正面浮雕四朵小蓮花，分別位於小骷髏頭的正下方。帽圈兩側繫帶處分別雕花狀帽飾，帽帶從兩側下垂再向上翻卷，左右對稱。

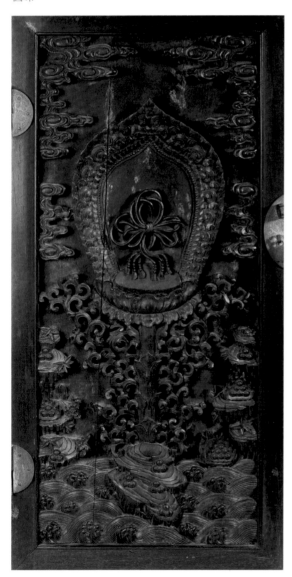

圖 219　金剛線

圖 220-1　骷髏冠

● 圖 220-2　骷髏冠

圖 221　三尖叉

F3M3

三尖叉頭裝飾，下垂紅纓，長柄端部雕金剛杵頭，長柄上
繫長條飄帶。

圖 222　嘎巴拉碗

F3M4

碗身為半圓形，圓葉形口沿，碗內魔怪心血盈滿、似海浪
翻滾。象徵顱骨縫的紋飾均勻布滿器身外壁，底有骷髏頭
形三足。

圖 221　三尖叉

圖 222　嘎巴拉碗

圖223 嘎巴拉鼓

F3M5

此鼓為窄腰喇叭形鼓形，鼓腰掛飄帶。鼓身上雕飾菱形紋飾，窄腰處繫線牽的小鼓錘，圓珠狀的小鼓錘繞打於兩側鼓面，表現出手鼓搖動、小錘擊打鼓面發聲的動態畫面。

圖224 喀章嘎

F3M6

喀章嘎，以上部圓形托為界分成兩部分，上部是豎排的三個人首，最上一首戴三叉形嵌寶珠頭冠，圓形長柄繫飄帶。

圖223 嘎巴拉鼓

圖224 喀章嘎

東壁櫃門

由南向北編號 F3SM：7-12

櫃門六扇，板心蓮蓬中有浮雕供養寶物，分別為：經冊、禪托、念珠、嘎巴拉項鬘、鉞刀、虎皮風囊。

圖 225　經冊

F3M7

經冊為方冊本，封面刻蓮花纏枝圖案。包裹經冊的錦袱墊在經冊下，自然垂落於三足小几周邊上。

圖 226　禪托

F3M8

禪托為喇叭形圓底座，座上雕兩圈蓮瓣花紋。中心立柱，分段雕刻圓球、蓮瓣等造型，立柱頂橫置彎月形托架。

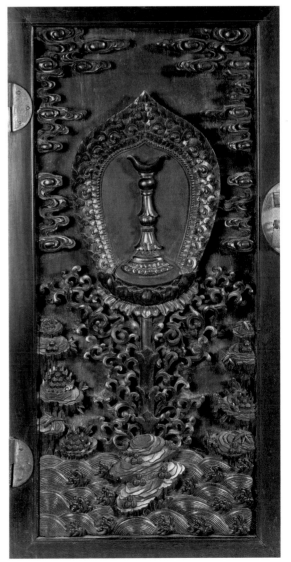

◀ 圖 225-1　經冊　　　　　　　　　圖 225-2　經冊　　　　　　　　　圖 226　禪托

263

圖 227　念珠

<u>F3M9</u>

念珠為圓環形，由二十顆嘎巴拉珠和十顆圓形接珠串連而成。瓶形托架，扁圓腹，圓足，瓶頸底部裝飾兩層不同形狀的花葉紋，頸上端接葫蘆形瓶口，上為「U」形托架。

圖 228　嘎巴拉項鬘

<u>F3M10</u>

項鬘，由三十顆骷髏頭串連而成，並擰成四個大小不等的環形圖案。

圖 227　念珠

圖 228　嘎巴拉項鬘

圖 229　鉞刀

F3M11

鉞刀為圓珠形握柄，柄頭為金剛杵形，刀身似彎月，刃口薄且鋒利。握柄與器身相接處雕刻龍首紋，龍珠圓睜，三龍爪空中揮舞，龍鬚彎曲。

圖 230　虎皮風囊

F3M12

虎皮呈口袋狀，兩足於袋口處相繫。上口敞開，下口紮成細管狀，為風囊的出風口。

圖 229　鉞刀

圖 230　虎皮風囊

四室瑜伽根本品樓上佛格與櫃門

佛格其布局、尺寸均與一室佛格相同。每座佛格的上部為五層六十一格佛龕，內供小銅佛一尊，保存基本完好。

中部為六個扁長方形抽屜，原供物品現已不存，抽屜面鏤雕卷草紋。

下部為供櫃，其中東壁佛格下部供櫃與五室西壁佛格下部供櫃的內部相通，原用於放置韉皮畫金箱，箱內放供器、佛經，現已不存。

圖 231　四室樓上佛格

圖 231-1　四室樓上佛格

圖 231-2　四室樓上佛格

267

西壁櫃門

由南向北編號 F4SM：1-6

櫃門六扇，板心蓮蓬中有浮雕供養寶物，分別為：索、金剛鉤、瓔珞、寶冠、金剛鈴、金剛交杵。

圖 232　羂索

F4M1

索盤繞成三瓣花朵形。繩端置金剛杵頭、鎖頭。

圖 233　金剛鉤

F4M2

金剛鉤手柄上頂端為兩個雲紋圓形上下相疊，左側為雙鉤刃，右側鉤柄亦為變形金剛杵。圓棒手柄上拴繫飄帶。

圖 232　羂索

圖 233-1　金剛鉤

● 圖 233-2　金剛鉤

圖 234　瓔珞

F4M3

瓔珞由大小相同的圓珠和四瓣花朵編綴而成，不同數量的
花串與珠串等距相接。在圓形瓔珞左右兩側分別又接綴三
股珠串，左右對稱。瓔珞托架較高，分三部分，上為半圓
弧形的托架，中間支柱，下為三層覆蓮式圓形底座。

圖 235　寶冠

F4M4

寶冠上有五片花葉形冠葉，中心雕珠寶，四周刻雙層花瓣。
冠葉下雕刻四朵圓形小花。帽帶從兩側繞下，形成對稱圖
案。

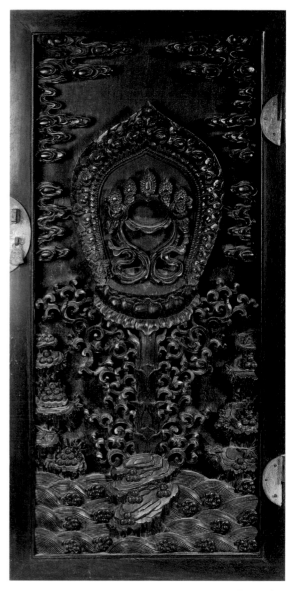

圖 234　瓔珞

圖 235　寶冠

圖 236　金剛鈴

F4M5

金剛鈴為覆缽式鈴，鈴身上雕刻花紋，十字形金剛交杵鈴把。

圖 237　金剛交杵

F4M6

交杵為四個五股杵交叉組合成的十字形杵，中間手握處呈圓球形。

圖 236　金剛鈴

圖 237　金剛交杵

東壁櫃門

由南向北編號 F4SM：7-12

櫃門六扇，板心蓮蓬中有浮雕供養寶物，分別為：海螺、犀牛角、盔甲、圓蓋、金剛鈴、金剛鎖鏈。

圖 238　海螺

F4M7

螺身橫置於圓形束腰仰覆蓮座之上，螺首朝左，尾端朝右，螺口向上，形成碗狀，內盛甘露，起伏翻動。

圖 239　犀牛角

F4M8

犀牛角彎曲光滑，倒扣於圓鼓狀底座上。牛角尖朝上向右側彎，牛角根部雕刻一圈覆蓮紋飾。

◀ 圖 238-1　海螺　　　　　　　　　　圖 238-2　海螺　　　　　　　　　　圖 239　犀牛角

圖 240　盔甲

F4M9

盔甲似人站立形，頭盔上雕刻繁雜花紋，頂端帽纓飄動。盔甲面雕刻有層層方形甲片，當胸處雕有圓盤形護心鏡，腰帶寬厚。

圖 241　圓蓋

F4M10

蓋為圓形蓋頂，織物邊圍三層相套，最上兩層短，最下層邊圍長，邊沿綴圓珠；織物輕柔皺褶起伏，隨風飄動。蓋柄細長。

圖 240　盔甲

圖 241　圓蓋

圖 242　金剛鈴

F4M11

金剛鈴為覆鐘式，鈴身雕刻瓔珞紋飾，鈴柄呈竹節狀，中間有戴五葉寶冠的梵天像，鈴把頂端是金剛杵頭。

圖 243　金剛鎖鏈

F4M12

兩端各繫一鎖，中間是由金剛環相連而成的鏈條。托架下部是圓形覆蓮底座，上接圓花瓶形立柱，頂部半圓托架，橫掛金剛鎖鏈。

圖 242　金剛鈴

圖 243　金剛鎖鏈

五室德行根本品樓上佛格與櫃門

佛格其布局、尺寸均與一室佛格相同。每座佛格的上部分為五層六十一格佛龕,內供小銅佛一尊,保存基本完好。

中部為六個扁長方形抽屜,原供物品現已不存;抽屜面鏤雕卷草紋。

下部為供櫃,其中西壁佛格下部供櫃與四室東壁佛格下部供櫃的內部相通,東壁佛格下部供櫃與六室西壁佛格下部供櫃的內部相通,原用於放置鞔皮畫金箱,箱內放供器、佛經,現已不存。

圖 244　五室樓上佛格西壁櫃門

圖 244-1　五室樓上佛格西壁櫃門

圖 244-2　五室樓上佛格西壁櫃門

西壁櫃門

由南向北編號 F5SM：1-6

櫃門六扇，板心蓮蓬中有浮雕供養寶物，分別為：小鈸、嘎巴拉碗、花鬘、日輪、月輪、摩尼寶珠。

圖 245　小鈸

F5M1

一對小鈸立起，其形呈圓盤，中央隆起，中心穿小孔，連結帛帶。帛帶翻卷，動感鮮明。

圖 246　嘎巴拉碗

F5M2

高碗幫，上面顯縫紋縱橫分布，碗內插滿五瓣花朵，花葉繁密，錯落點綴於花朵之間。碗底置束腰蓮花座。

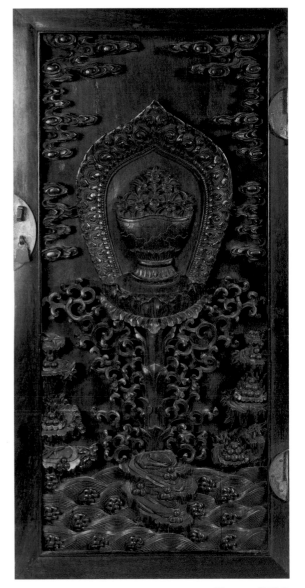

圖 245　小鈸

圖 246-1　嘎巴拉碗

● 圖 246-2　嘎巴拉碗

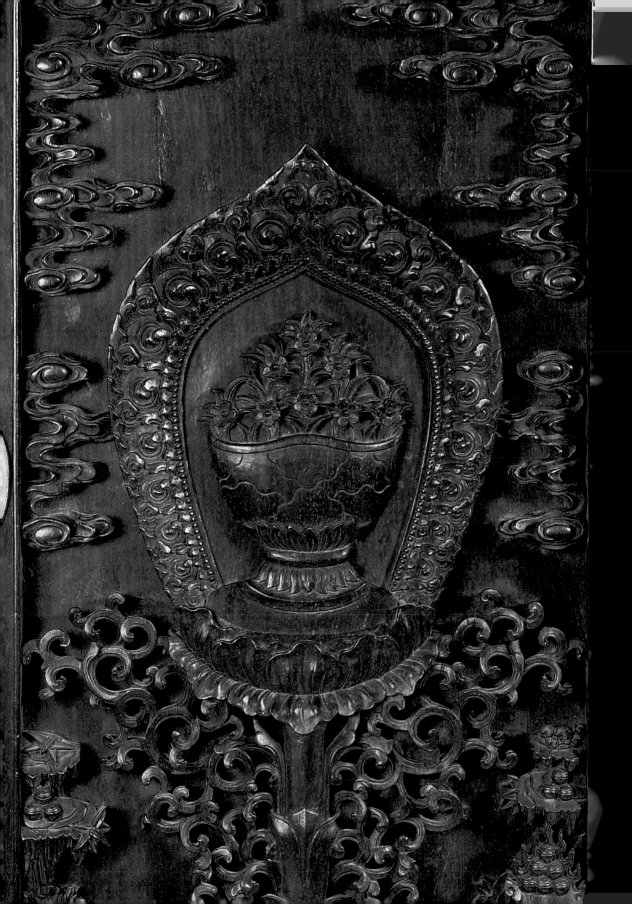

圖 247　花鬘

F5M3

用花朵串接的項鬘，花朵緊密相連，兩道弧圈，下垂四串條形短花鬘。花鬘掛於橫條形支架上，花觚形架身，圓形覆蓮紋底座，下承三足圓座，最下墊圓盤。

圖 248　日輪

F5M4

正圓形太陽圖案位於中央，直線與波浪線光芒相間呈放射狀繞太陽一周，光束密集。

圖 247　花鬘

圖 248　日輪

圖 249　月輪

F5M5

形同日輪。

圖 250　摩尼寶珠

F5M6

九頭摩尼寶珠分三排上下排列，每列三珠，九珠之外圍繞一圈火焰紋。下承覆蓮紋底座。

圖 249　月輪

圖 250　摩尼寶珠

東壁櫃門

由南向北編號 F4SM ： 7-12

櫃門六扇，板心蓮蓬中有浮雕供養寶物，分別為：高足杯、旗、念珠、珊瑚、大鼓、名稱待考物。

圖 251　高足杯

F5M7

杯中盛滿水，水中間凸起三束飄動的火舌狀物。杯腹部刻密集長焦葉紋。圓形杯底分數層，雕有蓮葉等紋飾。

圖 252　旗

F5M8

旗杆為竹節形，桃形杆頭，下繫旗纓，旗面呈長方形，鋸齒狀旗邊。旗纓、旗面及裝飾帶飄向一側。

◆ 圖 251-1　高足杯　　　　　　　　　圖 251-2　高足杯　　　　　　　　　圖 252　旗

圖 253　念珠

F5M9

念珠由五十八顆圓珠串接而成，末端拴稔子。念珠整體盤成十字交杵形。

圖 254　叉棒

F5M10

樹枝製成的武器，中心一根筆直的粗木杆，木杆頂端及兩側為彎曲的短枝。

圖 253　念珠

圖 254　叉棒

圖 255　大鼓

F5M11

扁圓鼓身。鼓身雕四個拉環。下承三足鼓架。

圖 256　名稱待考物

F5M12

覆鈴形底座，頂部為 U 形托架。架上托扁方形環狀物，名稱待考。

圖 255　大鼓

圖 256　金剛鎖鏈

六室功行根本品樓上佛格

佛格其布局、尺寸均與一室佛格相同。每座佛格的上部分為五層六十一格佛龕，內供小銅佛一尊，保存基本完好。

中部為六個扁長方形抽屜，原供物品現已不存；抽屜面鏤雕卷草紋。

下部為供櫃，其中西壁佛格下部供櫃與五室東壁佛格下部供櫃的內部相通，原用於放置鞔皮畫金箱，箱內放供器、佛經，現已不存。

圖257　六室樓上佛格

圖 257-1　六室樓上佛格

圖 257-2　六室樓上佛格

西壁櫃門

由南向北編號 F6SM：1-6

櫃門六扇，板心蓮蓬中有浮雕供養寶物，分別為：蓮花、淨瓶、方亭、花、琵琶、花瓶。

圖 258　蓮花

F6M1

正中蓮花盛開，四周裝飾圖案化的彎曲纏枝。

圖 259　淨瓶

F6M2

淨瓶高細圈足，蓮葉紋底座，葫蘆形瓶身，四周雕圓形花紋及平行波浪紋，瓶肩及瓶底腹雕刻扁長葉紋。最上為瓶口，蓋葫蘆形瓶蓋。一側為瓶嘴，其形亦為橄欖形瓶形，尖瓶底，上有蓋。

◀ 圖 258-1　蓮花　　　　　　　　圖 258-2　蓮花　　　　　　　　圖 259　淨瓶

圖 260　方亭

F6M3

重簷方亭，二層飛簷高高翹起，四根立柱。欄杆、欄板、底座皆浮雕卷雲龍紋、纏枝蓮花等裝飾花紋。

圖 261　花

F6M4

正中圓形花朵盛開，花瓣均勻環繞花蕊一周，形近葵花。花葉纏繞四周，其上方另一朵為花蕾，含苞欲放。

圖 260　方亭

圖 261-1　花

🔵 圖 261-2　花

圖 262　琵琶

F6M5

琵琶為龍頭琴首彎曲，琴身橢圓，面平，背圓。琴面雕刻花紋，繫飄帶。

圖 263　花瓶

F6M6

花瓶細圈足，上雕蓮葉紋。瓶身圓鼓，上刻滿對稱粗條紋飾。瓶肩及瓶口各雕一圈蓮葉紋。細頸。瓶中插松枝狀植物。

圖 262　琵琶

圖 263　花瓶

東壁櫃門

由南向北編號 F6SM：7-12

櫃門六扇，板心蓮蓬中有浮雕供養寶物，分別為：孔雀羽、幡、禾穗、勝幢、無憂樹枝、花果樹。

圖264　孔雀羽

F6M7

三枝孔雀羽，上部展開，根部併攏在一起。

圖265　幡

F6M8

三角形吊環下垂長條形窄幡，吊環又勾掛於幡杆彎頭處，幡面飄動，繞過幡杆。寶珠形幡杆頭。

圖264　孔雀羽　　　　　　　　　　　　　　　　　　圖265　幡

圖 266　禾穗

F6M9

禾穗彎曲，籽粒飽滿，茂盛的禾葉左右對稱分布於莖杆兩側。

圖 267　勝幢

F6M10

勝幢為收攏的長柄傘狀，傘杆細長，寶珠形傘頂。傘面分三層，層層套接，最上一層外捆飄帶將傘攏起。傘面皺摺起伏，有柔軟的織物質感。

圖 266　禾穗

圖 267-1　勝幢

●圖 267-2　勝幢

圖 268　無憂樹枝

F6M11

無憂樹枝葉茂枝繁無花。樹葉像孔雀尾般展開，錯落有致，樹莖彎曲短粗。

圖 269　花果樹

F6M12

花果樹莖彎曲粗壯，花葉繁茂，葉間結出梨子形果實。

● 圖 268-1　無憂樹枝　　　　　　　　　圖 288-2　無憂樹枝　　　　　　　　　圖 269　花果樹

五

圖版索引

圖 1 故宮博物院平面圖 ························ 4
圖 2 梵華樓正立面圖 ·························· 13
圖 3 梵華樓外景 ···························· 15
圖 4 梵華樓正門 ···························· 15

一 琺瑯佛塔

圖 5 銅掐絲琺瑯圓塔 ························ 18
圖 6 銅掐絲琺瑯七層塔 ······················ 22
圖 7 銅掐絲琺瑯塔 ························· 26
圖 8 琺瑯亭式三層塔龕 ······················ 30
圖 9 銅掐絲琺瑯塔 ························· 34
圖 10 銅掐絲琺瑯塔 ························ 40

二 六品佛供器箱

圖 11 供器箱 ····························· 46
圖 12 七珍 ····························· 46
圖 13 象寶 ····························· 48
圖 14 摩尼寶 ···························· 48
圖 15 主藏臣寶 ·························· 48
圖 16 輪寶 ····························· 50
圖 17 玉女寶 ··························· 50
圖 18 將軍寶 ··························· 52
圖 19 紺馬寶 ··························· 52
圖 20 八寶 ····························· 54
圖 21 法輪 ····························· 56
圖 22 法螺 ····························· 56
圖 23 寶傘 ····························· 56
圖 24 白蓋 ····························· 58
圖 25 蓮花 ····························· 58
圖 26 寶罐 ····························· 58
圖 27 雙魚 ····························· 60
圖 28 盤長 ····························· 60
圖 29 五佛冠 ··························· 61
圖 30 金剛杵 ··························· 64

圖 31 鐵劍 ····························· 64
圖 32 骷髏棒 ··························· 64
圖 33 金剛鉤 ··························· 64
圖 34 金剛鉞斧 ·························· 65
圖 35 三尖叉 ··························· 65
圖 36 圓法勺 ··························· 66
圖 37 方法勺 ··························· 66
圖 38 鉞刀 ····························· 66
圖 39 金剛錘 ··························· 66
圖 40 金剛鉤 ··························· 66
圖 41 嘎巴拉念珠 ························ 68
圖 42 嘎巴拉碗 ·························· 68
圖 43 喀章嘎 ··························· 70
圖 44 鐵劍 ····························· 70
圖 45 鉞刀 ····························· 70
圖 46 喀章嘎 ··························· 71
圖 47 靶劍 ····························· 71
圖 48 如意輪 ··························· 72
圖 49 佛花 ····························· 74
圖 50 金剛交杵 ·························· 75
圖 51 佛花 ····························· 75
圖 52 鐵杵 ····························· 76
圖 53 摩尼寶 ··························· 76
圖 54 線法冠 ··························· 76
圖 55 金剛杵 ··························· 78
圖 56 寶瓶 ····························· 78
圖 57 寶蓋 ····························· 78
圖 58 鐵劍 ····························· 78
圖 59 佛花 ····························· 78

三 佛衣

圖 60 白緞瓔珞佛衣 ······················ 82
圖 61 藍緞瓔珞佛衣 ······················ 86
圖 62 黃緞瓔珞佛衣 ······················ 90
圖 63 紅緞瓔珞佛衣 ······················ 94

圖 64　綠緞瓔珞佛衣 ················· 100

圖 65　黃片金織緞綿斗篷 ············· 104

四　桌案陳設供器

圖 66　明間樓上陳設供器 ············· 108

圖 67　琺瑯五供—燭台 ·············· 110

圖 68　琺瑯五供—花觚 ·············· 112

圖 69　琺瑯五供—香爐 ·············· 112

圖 70　琺瑯巴苓 ··················· 114

圖 71　琺瑯巴苓 ··················· 114

圖 72　琺瑯巴苓 ··················· 114

圖 73　琺瑯巴苓 ··················· 114

圖 74　琺瑯巴苓 ··················· 114

圖 75　金釉瓷五彩法輪 ·············· 116

圖 76　明間樓下陳設供器 ············· 118

圖 77　六角香亭 ··················· 120

圖 78　銅塔 ······················ 121

圖 79　琺瑯五供—香爐 ·············· 122

圖 80　琺瑯五供—鶴形蠟阡 ··········· 122

圖 81　琺瑯五供—獅馱花觚 ··········· 122

圖 82　銅三式—爐 ················· 126

圖 83　銅三式—瓶 ················· 126

圖 84　銅三式—盒 ················· 127

圖 85　銅香爐 ···················· 127

圖 86　錫盤 ······················ 128

圖 87　錫香池 ···················· 128

圖 88　錫香爐 ···················· 130

圖 89　錫蠟阡 ···················· 131

圖 90　供桌 ······················ 132

圖 91　蓮花八供養 ················· 134

圖 92　海螺八供養 ················· 134

圖 93　香水八供養 ················· 136

圖 94　燈八供養 ··················· 136

圖 95　水八供養 ··················· 138

圖 96　音樂八供養 ················· 138

圖 97　水八供養 ··················· 140

圖 98　熏香八供養 ················· 140

圖 99　人字巴苓 ··················· 142

圖 100　人字巴苓 ·················· 143

圖 101　人字巴苓 ·················· 144

圖 102　人字巴苓 ·················· 145

圖 103　圓塔式巴苓 ················ 146

圖 104　圓塔式巴苓 ················ 146

圖 105　圓塔式巴苓 ················ 148

圖 106　圓塔式巴苓 ················ 148

圖 107　豐瓶式巴苓 ················ 150

圖 108　香爐 ····················· 151

圖 109　香几 ····················· 151

圖 110　燈八供養 ·················· 152

圖 111　水八供養 ·················· 152

圖 112　水八供養 ·················· 154

圖 113　蓮花八供養 ················ 154

圖 114　音樂八供養 ················ 156

圖 115　音樂八供養 ················ 156

圖 116　蓮花八供養 ················ 158

圖 117　熏香八供養 ················ 158

圖 118　人字巴苓 ·················· 160

圖 119　人字巴苓 ·················· 161

圖 120　人字巴苓 ·················· 162

圖 121　人字巴苓 ·················· 163

圖 122　細瓶式巴苓 ················ 164

圖 123　細瓶式巴苓 ················ 164

圖 124　燈八供養 ·················· 166

圖 125　海螺八供養 ················ 166

圖 126　海螺八供養 ················ 168

圖 127　熏香八供養 ················ 168

圖 128　香水八供養 ················ 170

圖 129　水八供養 ·················· 170

圖 130　香水八供養 ················ 172

圖 131　水八供養 ·················· 172

圖 132　人字巴苓 ·················· 174

圖133 人字巴苓 ……………………………… 175
圖134 人字巴苓 ……………………………… 176
圖135 人字巴苓 ……………………………… 177
圖136 人字巴苓 ……………………………… 178
圖137 人字巴苓 ……………………………… 179
圖138 細瓶式巴苓 …………………………… 180
圖139 細瓶式巴苓 …………………………… 180
圖140 豐瓶式巴苓 …………………………… 182
圖141 蓮花八供養 …………………………… 184
圖142 香水八供養 …………………………… 186
圖143 燈八供養 ……………………………… 186
圖144 音樂八供養 …………………………… 188
圖145 蓮花八供養 …………………………… 188
圖146 水八供養 ……………………………… 190
圖147 熏香八供養 …………………………… 190
圖148 人字巴苓 ……………………………… 192
圖149 人字巴苓 ……………………………… 193
圖150 人字巴苓 ……………………………… 194
圖151 人字巴苓 ……………………………… 195
圖152 人字巴苓 ……………………………… 196
圖153 人字巴苓 ……………………………… 197
圖154 細瓶式巴苓 …………………………… 198
圖155 細瓶式巴苓 …………………………… 198
圖156 豐瓶式巴苓 …………………………… 198
圖157 水八供養 ……………………………… 200
圖158 熏香八供養 …………………………… 200
圖159 水八供養 ……………………………… 202
圖160 海螺八供養 …………………………… 202
圖161 音樂八供養 …………………………… 204
圖162 水八供養 ……………………………… 204
圖163 燈八供養 ……………………………… 206
圖164 人字巴苓 ……………………………… 207
圖165 人字巴苓 ……………………………… 208
圖166 人字巴苓 ……………………………… 209
圖167 人字巴苓 ……………………………… 210

圖168 人字巴苓 ……………………………… 212
圖169 人字巴苓 ……………………………… 213
圖170 細瓶式巴苓 …………………………… 214
圖171 細瓶式巴苓 …………………………… 214
圖172 水八供養 ……………………………… 216
圖173 蓮花八供養 …………………………… 216
圖174 音樂八供養 …………………………… 218
圖175 熏香八供養 …………………………… 218
圖176 海螺八供養 …………………………… 218
圖177 香水八供養 …………………………… 220
圖178 香水八供養 …………………………… 220
圖179 人字巴苓 ……………………………… 222
圖180 人字巴苓 ……………………………… 223
圖181 人字巴苓 ……………………………… 224
圖182 人字巴苓 ……………………………… 225
圖183 人字巴苓 ……………………………… 226
圖184 人字巴苓 ……………………………… 227
圖185 圓塔式巴苓 …………………………… 228
圖186 圓塔式巴苓 …………………………… 228
圖187 豐瓶式巴苓 …………………………… 230
圖188 亭式巴苓 ……………………………… 230
圖189 供桌 …………………………………… 232
圖190 佛格 …………………………………… 233
圖191 櫃門 …………………………………… 234
圖192 一室樓上佛格 ………………………… 237
圖193 法螺 …………………………………… 239
圖194 天衣 …………………………………… 239
圖195 拂塵 …………………………………… 240
圖196 經篋 …………………………………… 240
圖197 寶匣 …………………………………… 241
圖198 佛缽 …………………………………… 241
圖199 孔雀羽扇 ……………………………… 242
圖200 金剛錘 ………………………………… 242
圖201 摩尼寶珠 ……………………………… 244
圖202 項鍊 …………………………………… 244

圖 203 佛座 · 245	圖 238 海螺 · 273
圖 204 佛塔 · 245	圖 239 犀牛角 · · · · · · · · · · · · · · · · · · · 273
圖 205 二室樓上佛格 · · · · · · · · · · · 246	圖 240 盔甲 · 274
圖 206 羽箭 · 248	圖 241 圓蓋 · 274
圖 207 提爐 · 248	圖 242 金剛鈴 · · · · · · · · · · · · · · · · · · · 275
圖 208 牡丹花 · · · · · · · · · · · · · · · · · · · 250	圖 243 金剛鎖鏈 · · · · · · · · · · · · · · · · · 275
圖 209 金剛鉞斧 · · · · · · · · · · · · · · · · · 250	圖 244 五室樓上佛格 · · · · · · · · · · · 276
圖 210 禪杖 · 251	圖 245 小鈸 · 278
圖 211 金剛杵 · · · · · · · · · · · · · · · · · · · 251	圖 246 嘎巴拉碗 · · · · · · · · · · · · · · · · · 278
圖 212 矛槍 · 253	圖 247 花鬘 · 280
圖 213 金剛杵杖 · · · · · · · · · · · · · · · · · 253	圖 248 日輪 · 280
圖 214 火焰劍 · · · · · · · · · · · · · · · · · · · 254	圖 249 月輪 · 281
圖 215 法輪 · 254	圖 250 摩尼寶珠 · · · · · · · · · · · · · · · · · 281
圖 216 弓 · 255	圖 251 高足杯 · · · · · · · · · · · · · · · · · · · 283
圖 217 金剛鈴 · · · · · · · · · · · · · · · · · · 255	圖 252 旗 · 283
圖 218 三室樓上佛格 · · · · · · · · · · · 256	圖 253 念珠 · 284
圖 219 金剛線 · · · · · · · · · · · · · · · · · · · 258	圖 254 叉棒 · 284
圖 220 骷髏冠 · · · · · · · · · · · · · · · · · · · 258	圖 255 大鼓 · 285
圖 221 三尖叉 · · · · · · · · · · · · · · · · · · · 260	圖 256 名稱待考物 · · · · · · · · · · · · · · · 285
圖 222 嘎巴拉碗 · · · · · · · · · · · · · · · · · 260	圖 257 六室樓上佛格 · · · · · · · · · · · 286
圖 223 嘎巴拉鼓 · · · · · · · · · · · · · · · · · 261	圖 258 蓮花 · 289
圖 224 喀章嘎 · · · · · · · · · · · · · · · · · · · 261	圖 259 淨瓶 · 289
圖 225 經冊 · 263	圖 260 方亭 · 290
圖 226 禪托 · 263	圖 261 花 · 290
圖 227 念珠 · 264	圖 262 琵琶 · 292
圖 228 嘎巴拉項鬘 · · · · · · · · · · · · · · · 264	圖 263 花瓶 · 292
圖 229 鉞刀 · 265	圖 264 孔雀羽 · · · · · · · · · · · · · · · · · · · 293
圖 230 虎皮風囊 · · · · · · · · · · · · · · · · · 265	圖 265 幡 · 293
圖 231 四室樓上佛格 · · · · · · · · · · · 266	圖 266 禾穗 · 294
圖 232 羂索 · 268	圖 267 勝幢 · 294
圖 233 金剛鉤 · · · · · · · · · · · · · · · · · · · 268	圖 268 無憂樹枝 · · · · · · · · · · · · · · · · · 297
圖 234 瓔珞 · 270	圖 269 花果樹 · · · · · · · · · · · · · · · · · · · 297
圖 235 寶冠 · 270	
圖 236 金剛鈴 · · · · · · · · · · · · · · · · · · · 271	
圖 237 金剛交杵 · · · · · · · · · · · · · · · · · 271	

國家圖書館出版品預行編目資料

梵華樓藏寶・供器 / 故宮博物院 編.
--初版.-- 臺北市：藝術家，2015.08
304面；18.5×24公分.--

（平裝）

1.供器　2.藏傳佛教　3.圖錄

梵華樓藏寶 供器

Sacrificial Vessels in the Sanctuary of Buddhist Essence

故宮博物院　編

撰　　稿	王家鵬、李中路、劉盛 李軍、馬云華、殷安妮
繪　　圖	楊新成、趙叢山、莊立新
攝　　影	趙山、余寧川
圖片提供	故宮博物院資料信息中心

發 行 人	何政廣
主　　編	王庭玫
編　　輯	鄭清清
美　　編	張紓嘉、吳心如
出 版 者	藝術家出版社 台北市重慶南路一段 147 號 6 樓 TEL：（02）2371-9692 ～ 3 FAX：（02）2331-7096
郵政劃撥	01044798 藝術家雜誌社
總 經 銷	時報文化出版企業股份有限公司 桃園市龜山區萬壽路二段 351 號 TEL：（02）2306-6842
南區代理	台南市西門路一段 223 巷 10 弄 26 號 TEL：（06）261-7268 FAX：（06）263-7698
製版印刷	欣佑彩色製版印刷股份有限公司
初　　版	2015 年 9 月
定　　價	新臺幣 460 元
I S B N	